内蒙古财经大学实训与案例教材系列丛书
丛书主编　金　桩　徐全忠

模拟外汇交易实验

主编　朝克图

中国财经出版传媒集团
经济科学出版社
Economic Science Press

图书在版编目（CIP）数据

模拟外汇交易实验/朝克图主编．—北京：经济科学出版社，2020.7
（内蒙古财经大学实训与案例教材系列丛书）
ISBN 978-7-5218-1637-2

Ⅰ.①模… Ⅱ.①朝… Ⅲ.①外汇交易-高等学校-教材 Ⅳ.①F830.92

中国版本图书馆 CIP 数据核字（2020）第 100536 号

责任编辑：陈赫男
责任校对：郑淑艳
责任印制：李 鹏 范 艳

模拟外汇交易实验
主编 朝克图
经济科学出版社出版、发行 新华书店经销
社址：北京市海淀区阜成路甲 28 号 邮编：100142
总编部电话：010-88191217 发行部电话：010-88191522
网址：www.esp.com.cn
电子邮箱：esp@esp.com.cn
天猫网店：经济科学出版社旗舰店
网址：http://jjkxcbs.tmall.com
北京密兴印刷有限公司印装
787×1092 16 开 7.75 印张 170000 字
2020 年 9 月第 1 版 2020 年 9 月第 1 次印刷
ISBN 978-7-5218-1637-2 定价：32.00 元
（图书出现印装问题，本社负责调换。电话：010-88191510）
（版权所有 侵权必究 打击盗版 举报热线：010-88191661
QQ：2242791300 营销中心电话：010-88191537
电子邮箱：dbts@esp.com.cn）

目 录
CONTENTS

第一章　外汇交易基础知识 ·· 1
　　第一节　外汇及外汇市场概述 ·································· 1
　　第二节　外汇交易过程 ·· 10
　　第三节　外汇交易系统 ·· 20

第二章　外汇交易基本面分析 ···································· 24
　　第一节　汇率决定的理论基础 ·································· 24
　　第二节　外汇交易基本面分析的经济因素 ·················· 35
　　第三节　货币的基本特征 ··· 39
　　第四节　制订基本面分析方案 ·································· 43

第三章　外汇交易的技术分析 ···································· 45
　　第一节　外汇交易的技术分析基础 ··························· 45
　　第二节　外汇交易技术分析的支撑位和阻力位 ············ 49
　　第三节　外汇交易技术分析的趋势线和趋势轨道 ········ 52
　　第四节　外汇交易技术分析的支点 ··························· 59
　　第五节　外汇交易技术分析的技术指标 ····················· 64
　　第六节　外汇交易技术分析的价格形态 ····················· 73
　　第七节　外汇交易技术分析的K线图形方法 ··············· 76

第四章　外汇交易的方法和策略 ································· 89
　　第一节　交易规则 ·· 89
　　第二节　头寸交易法：立足于长期 ··························· 90
　　第三节　波段交易法：驾驭波动 ······························ 92
　　第四节　日间交易法：日进日出 ······························ 93
　　第五节　趋势交易法：顺势而动 ······························ 95
　　第六节　区间交易法：在高点和低点之间 ················· 98
　　第七节　突破交易法（反突破交易法）：射星 ··········· 99
　　第八节　形态交易法：玩形状游戏 ··························· 101

  第九节 斐波那契和支点交易法：神奇的数字和自我寓言……102

  第十节 艾略特波浪交易法：5/3 浪形态……104

  第十一节 背离交易法：寻找市场拐点……106

  第十二节 多重时间周期交易法：选择时机就是一切……106

  第十三节 套息交易法：获取利息……108

  第十四节 新闻交易法：密切关注新闻和经济数据……109

第五章 外汇交易的法则……111

  第一节 外汇交易是有风险的……111

  第二节 交易账户的资金越充裕越可靠……111

  第三节 设定风险/收益比率……112

  第四节 固定百分比……113

  第五节 追踪止损：忠诚的追随者……114

  第六节 交易头寸的规模很重要……114

  第七节 避免过度交易……115

  第八节 用趋势线来测量风险……117

  第九节 交易心理是关键……117

  第十节 制订周详的交易计划……119

参考文献……120

第一章　外汇交易基础知识

本章主要介绍外汇相关基础知识、外汇市场概况、外汇交易过程和外汇交易系统。通过本章的学习掌握外汇交易核算、交易系统操作，为后面分析外汇行情奠定基础。

第一节　外汇及外汇市场概述[①]

一、外汇

（一）含义

外汇（foreign exchange）的含义有动态和静态之分。动态意义上的外汇是指国际汇兑的简称，是一种汇兑行为，即为了清偿国际债权债务，借助于各种国际结算工具，把一个国家的货币兑换成另一个国家的货币的一种专门性经营活动。静态意义上的外汇是指在清偿国际债权债务的国际汇兑活动中所使用的支付手段或计算工具，主要包括信用票据、支付凭证、有价证券及外汇现钞等。

静态意义上的外汇有广义和狭义之分。广义的静态外汇是指货币当局以银行存款、财政部库券、长短期政府证券的方式保有的在国际收支逆差时可以使用的债权。从上述国际货币基金组织（International Monetary Fund，IMF）对外汇的解释可以看出，这个定义把外汇作为一种储备资产，是从外汇储备的政府角度所下的定义，而没有从更广泛的角度来解释，没有包括其他形态的外汇资金，如银行的各项外汇存款、国外同业存款以及其他外汇资金。狭义上的静态外汇特指外汇支付凭证，主要以银行存款等形式存在的资产，能够直接用于对外支付，也是外汇交易当中存在的形式。本教材是外汇交易实务，因此大部分内容使用的是狭义静态外汇含义。

（二）特点

一个国家的货币要在国际上被广泛运用和接受并成为通用的外汇，必须具备以下几

[①] 本章内容是在研修完《国际金融学》课程基础上开设的，是对相关外汇及汇率的重要内容进行扼要阐述。

个特点：一是外币性，即外汇必须是外国货币而非本国货币，比如美国居民不能把美元作为外汇，美元对其他国家来说就是外汇；二是可自由兑换性，即外汇能自由兑换成本国货币这一特点使得外汇的购买力在国与国之间转移，实现其支付手段，从而使国际债务得以清偿；三是普遍接受性，即外币在国际经济往来中被广泛接受和使用，外币和外币所代表的有价金融资产能够自由地在本国银行账户上和外国银行账户上转入和转出；四是可偿性，即外币所代表的资产必须在国外能得到偿付的货币债权。

（三）外汇符号

在外汇交易中看懂外汇行情需要了解外汇符号。目前，国际市场上进行交易的外汇主要有美元、欧元、日元、英镑、瑞士法郎、加拿大元、澳大利亚元、新西兰元。主要国家（地区）货币及其货币英文缩写如表1-1所示。

表1-1　　　　　　　　　主要交易货币名称及英文缩写

货币名称	国家/地区	英文缩写	货币名称	国家/地区	英文缩写
美元	美国	USD	瑞士法郎	瑞士	CHF
欧元	欧元区	EUR	加拿大元	加拿大	CAD
日元	日本	JPY	澳大利亚元	澳大利亚	AUD
英镑	英国	GBP	人民币	中国	RMB

全球外汇交易活动中主要货币所占份额总体上没有大变化，仍然是以美元为主导，占据总交易额度的44.2%，欧元次之，占比为16.1%，日元和英镑再次，分别占比8.4%和6.4%，这四种货币占近3/4的份额。人民币在全球交易中的份额逐年上升，从2013年占比1.1%上升到2019年的2.2%。图1-1显示了2019年4月全球外汇交易活动和交易额的分布情况。

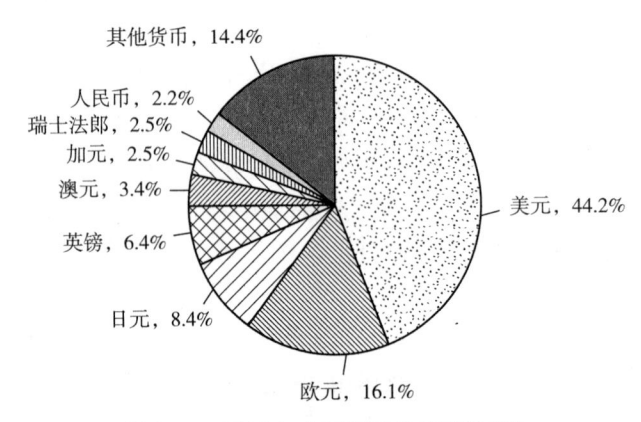

图1-1　2019年主要货币交易份额占比

资料来源：国际清算银行，http://stats.bis.org/statx/srs/table/d11.3。

二、汇率

(一) 外汇汇率

外汇汇率（foreign exchange Rate）又称外汇汇价，是一个国家货币折算成另一个国家货币的比率，即两种不同货币之间的折算比率。一般在外汇交易当中把单位的货币表示在前，标价货币表示在后，如：USD/EUR＝0.9025①，即1美元等于0.9025欧元。

(二) 标价方法

1. 直接标价法（direct quotation）

直接标价法是以一定单位，如1个或100个单位的外国货币作为标准，折算为一定数额的本国货币来表示其汇率。例如，在我国外汇市场上，USD/RMB＝7.0372－7.0377。在直接标价法下，如果一定单位的外币折算成本币的数额比原来多，则说明外汇汇率上升，本币汇率下跌，本币贬值；反之亦然。国际上绝大多数国家都采取直接标价法。我国人民币的外汇牌价也是采用直接标价法。

2. 间接标价法（indirect quotation）

间接标价法又称应收标价法，是以一定单位的本国货币为标准，折算为一定数额的外国货币来表示其汇率。例如，在美国外汇市场上，USD/RMB＝7.0372－7.0377。英国一直使用间接标价法。美国自1978年9月1日起，除对英镑采用直接标价法外，对其他货币均改用间接标价法，以便与国际外汇市场上对美元的报价一致。欧元也采用间接标价法。

3. 美元标价法

美元标价法是指非本币之间以一种诸如美元的国际上的主要货币或关键货币来作为汇价标准的标价方法，即用美元表示各国货币的价格。由于美元在货币定值、国际贸易计价、国际储备、干预货币、交易货币、存放款和债务发行等方面都起着重要的作用，因此，目前世界各大国际金融中心的货币汇率都以美元的比价为准，世界各大银行的外汇牌价，也都是公布美元对其他主要货币的汇率。

4. 交叉标价法

在国际经济往来中，除了必须了解本币对外汇的比价之外，还必须了解其他外汇之间的价格。如在我国香港地区进行美国和加拿大两地的转口贸易，还必须了解英镑对加拿大元的汇率，以便直接买卖这两种货币。所以，为了便利国际间的经济交易，世界各金融中心还使用了外汇交叉标价法。所谓交叉标价法，是先列出表格的左方竖栏是以1或100表示的固定单位的各种货币；表格的每一横栏是用一系列变动单位的其他种货币

---

① 在有些外文教材中表示为0.9025欧元/美元，即1美元等于0.9025欧元。

来表示相应的固定单位货币的价格。本币与世界各主要货币的相互价格可以从表中迅速查找。交叉标价法的特点在于能够同时获知各种不同货币之间的相互比率。

汇率是国际贸易中最重要的调节杠杆。因为一个国家生产的商品都是按该国货币来计算成本的，要拿到国际市场上竞争，其商品成本一定会与汇率相关。汇率的高低也就直接影响该商品在国际市场上的成本和价格，直接影响商品的国际竞争力。

（三）种类

（1）按银行买卖外汇的价格不同，汇率可分为买入汇率、卖出汇率、中间汇率和现钞汇率。被报价货币又称基准货币、基础货币或参考货币、单位货币，指的是数量固定不变、作为比较基础的货币，也就是被用来表示其他货币价格的货币。报价货币又称计价货币、汇率货币，是指数量不断变化，用以说明基准货币价格高低的货币。

在外汇交易中根据银行买卖的角度有买入价（buying rate）、卖出价（selling rate）和中间价格（middle rate）。如 USD/EUR = 0.9023 – 0.9027，买入价为 0.9023 欧元，即银行买入 1 美元时付给客户 0.9023 欧元；卖出价为 0.9027 欧元，即银行卖出 1 美元时付给客户 0.9027 欧元；中间价格是买入价和卖出价的算术平均，即 0.9025 欧元。

（2）按外汇买卖交割的期限不同，汇率可分为即期汇率和远期汇率。交割是指双方各自按照对方的要求，将卖出的货币解入对方指定的账户的处理过程。

即期汇率（spot exchange rate）又称现汇汇率，是指外汇买卖的双方在成交后的两个营业日内办理交割手续时所使用的汇率。远期汇率（forward exchange rate）又称期汇汇率，是指外汇买卖的双方事先约定，据此在未来约定的期限办理交割时所使用的汇率。

（3）按制定汇率的方法不同，汇率可分为基本汇率和套算汇率。基本汇率（basic rate）是指本币对关键货币（可以是某国货币或"一篮子"货币）的汇率，它是确定本币与其他外币之间汇率的基础。关键货币应具备以下特点：在本国国际收支中使用最多；在外汇储备中所占比重最大；可以自由兑换且为国际上普遍接受。交叉汇率（cross rate）或套算汇率，是指两种货币通过各自对第三种货币的汇率而算得的汇率。

交叉汇率计算方法主要有同边相乘和交叉相除两种。

当两种汇率中某一货币既是标价货币又是标准货币时，使用同边相乘法。例如，已知 EUR/USD = 1.0935 – 1.0938，USD/RMB = 7.0372 – 7.0375，求 EUR/RMB 价格时，可以由买入价乘以买入价、卖出价乘以卖出价得出，EUR/RMB = 1.0935 × 7.0372 – 1.0938 × 7.0375 = 7.6952 – 7.6976。

当两种汇率中某一货币同时是标准货币或标价货币时，使用交叉相除法。例如，已知 USD/RMB = 7.0372 – 7.0375，USD/JPY = 108.35 – 108.38，求 RMB/JPY 价格时，可以由买入价除以卖出价、卖出价除以买入价得出，RMB/JPY = 108.35/7.0375 – 108.38/7.0372 = 15.3961 – 15.4010。

（4）按外汇市场开市和收市的不同，外汇可分为开盘汇率和收盘汇率。开盘汇率（opening rate）又称开盘价，是指外汇市场在每个营业日开始时进行外汇买卖的汇率。

收盘汇率（closing rate）又称收盘价，是指外汇市场在每个营业日即将结束时，最后一批外汇买卖的汇率。

（5）按外汇管制情况不同，汇率可分为官方汇率和市场汇率。官方汇率（official rate）又称法定汇率，是指一国外汇管理当局规定并予以公布的汇率。市场汇率（market rate）是指由外汇市场供求关系决定的汇率。

（6）按衡量货币价值的角度不同，外汇可分为名义汇率和实际汇率。名义汇率（nominal exchange rate）又称现实汇率，是指在外汇市场上由外汇的供求关系所决定的两种货币之间的汇率。实际汇率（effective exchange rate）又称真实汇率，是指将名义汇率按两国同一时期的物价变动情况进行调整后所得到的汇率。

三、外汇市场

（一）产生

尽管各种不同形式的货币从一开始就已经广泛存在了，但现代投机性外汇交易（也被称为"FX"、"forex"或"货币交易"）则是20世纪90年代才开始大规模进行的。70年代初，当布雷顿森林体系瓦解之后，世界上的货币才真正开始自由浮动并被广泛交易。

布雷顿森林体系建立于1944年，第二次世界大战接近尾声时，一系列协议的签署是布雷顿森林体系中的各国代表在会议上共同商议的结果。每一个布雷顿森林体系中的国家都同意采取这种货币政策，即让本国的货币与美元的汇率保持固定，而美元与黄金之间的比率固定为每盎司黄金兑换35美元。这些变化近似于恢复了"金本位"，只不过这次是通过美元来固定汇率或比率的。

显然，只要布雷顿森林体系在运行，想要进行大规模的外汇交易实际上是不可能的。尽管建立布雷顿森林体系的目的是为了控制冲突、维持货币的稳定性和打击货币投机，但是该体系却遭受到越来越大的压力，以至于美国在1971年取消了美元与黄金的兑换。同年，布雷顿森林体系瓦解。

到了1983年，随着布雷顿森林体系以及类似的试图强行给全球货币系统排序的协议完全瓦解，世界货币真正开始更加自由地浮动。这意味着供给和需求的市场力量将优先于国际政治共识，银行和机构的大量投机将变得泛滥。尽管这一时期大多数个人交易员不能参与这个新市场，但它标志着我们今天所知道的现代外汇交易的诞生。

（二）交易中心

外汇市场是指从事外汇买卖的交易场所，或者说是各种不同货币相互之间进行交换的场所。外汇市场现在是全球最大的金融市场，在2019年4月达到每天6.6万亿美元交易额，高于3年前的5.1万亿美元，这包括外汇衍生品交易、外汇掉期交易、远期交易和现货交易。虽然外汇现货交易份额在下降，而外汇衍生品交易、掉期交易和远期交易在上升，但外汇现货交易的一天交易额仍然是 2 万亿美元，而纽约证券交易所的日交易额仅有 250 亿美元。外汇市场外汇现货交易量相当于证券和期货市场日交易量总额的三倍多。不像其他金融市场，如纽约证券交易所，现代外汇市场既没有有形的交易场所，也没有一个单一的交易中心。外汇市场被认为是一个柜台外（OTC）市场，或者说银行间市场（inter-bank market）。

目前，世界上大约有 30 多个主要的外汇交易中心，它们分布于世界各大洲的不同国家和地区，但仍然继续集中在最大的金融中心。2019 年 4 月，英国、美国、新加坡、日本，以及中国香港特别行政区这 5 个国家和地区的销售部门的外汇交易额占全球外汇交易额的 79%。尽管这些交易中心的排名自 2016 年以来没有变化，但它们在全球营业额中的相对份额却发生了变化。美国的交易份额从 2016 年的 20% 下降到 2019 年的 16.5%。相比之下，英国的外汇交易份额在 2019 年 4 月上升了 6 个百分点，占全球外汇交易的 43%。中国的交易活动显著增加，2019 年达到 1360 亿美元，自 2016 年以来增长了 87%。因此，中国在全球排名中攀升了几位，成为第八大外汇交易中心（从第 13 位上升至第 8 位）[①]（如图 1-2 所示）。

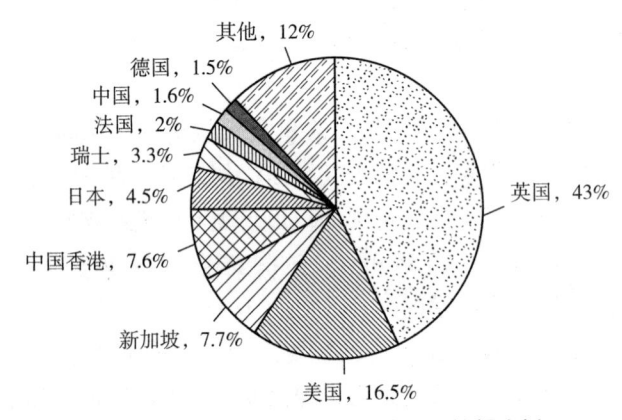

图 1-2 全球外汇交易中心的交易份额比例

资料来源：国际清算银行，http：//stats.bis.org/statx/srs/table/d11.2。

由于所处的时区不同，各外汇市场在营业时间上此开彼关，它们相互之间通过先进的通信设备和计算机网络连成一体，形成一个 24 小时运转的市场，参与者可以在世界各地进行交易，外汇资金流动顺畅，市场间的汇率差异极小，形成了全球一体化运作、全天候运行的统一从星期一早上到星期六凌晨，不停地运转的国际外汇市场（见表 1-2）。

---

① 国际清算银行 2019 年 4 月全球外汇市场交易报告，https：//stats.bis.org/statx/srs/table/d12.3。

表 1-2　　　　　　　　　　主要外汇交易中心的运行时间

地区	城市	开市时间	收市时间
大洋洲	悉尼	7：00	15：00
亚洲	东京	8：00	16：00
	中国香港	9：00	17：00
	新加坡	9：00	17：00
	巴林	14.00	22：00
欧洲	法兰克福	16：00	0：00
	苏黎世	16：00	0：00
	巴黎	17：00	1：00
	伦敦	18：00	2：00
北美洲	纽约	20：00	4：00
	洛杉矶	21：00	5：00

注：表中时间为北京时间。

(三) 参与者

从外汇交易的主体来看，外汇市场主要由下列参加者构成。

1. 外汇银行

外汇银行是指由各国中央银行或货币当局指定或授权经营外汇业务的银行。外汇银行通常是商业银行，可以是专门经营外汇的本国银行，也可以是兼营外汇业务的本国银行或者是外国银行分行。外汇银行是外汇市场上最重要的参加者，其外汇交易构成外汇市场活动的主要部分。

2. 外汇交易商

外汇交易商指买卖外国汇票的交易公司或个人。外汇交易商利用自己的资金买卖外汇票据，从中取得买卖价差。外汇交易商多数是信托公司、银行等兼营机构，也有专门经营这种业务的公司和个人。

3. 外汇经纪商

外汇经纪商是指促成外汇交易的中介机构。它介于外汇银行之间、外汇银行和外汇市场其他参加者之间，代理外汇买卖业务。其本身并不买卖外汇，只是连接外汇买卖双方，促成交易，并从中收取佣金。外汇经纪商必须经过所在国的中央银行批准才能营业。

4. 中央银行

中央银行也是外汇市场的主要参加者，但其参加外汇市场的主要目的是为了维持汇率稳定和合理调节国际储备量，它通过直接参与外汇市场买卖，调整外汇市场资金的供求关系，使汇率维系在一定水平上或限制在一定水平上。中央银行通常设立外汇平准基金，当市场外汇求过于供、汇率上涨时，抛售外币，收回本币；当市场上供过于求、汇率下跌时，就买进外币，投放本币。因此，从某种意义上讲，中央银行不仅是外汇市场的参加者，而且是外汇市场的实际操纵者。

5. 外汇投机者

外汇投机者的外汇买卖不是出于国际收付的实际需要，而是利用各种金融工具，在汇率变动中付出一定的保证金进行预买预卖，赚取汇率差价。

6. 外汇实际供应者和实际需求者

外汇市场上外汇的实际供应者和实际需求者是那些利用外汇市场完成国际贸易或投资交易的个人或公司。他们包括进口商、出口商、国际投资者、跨国公司和旅游者等。

另外，柜台交易方式是外汇市场的主要组织形式。这不仅是因为世界上两个最大的外汇市场——伦敦外汇市场和纽约外汇市场是用这种方式组织运行的，还因为外汇交易本身具有国际性。

由于外汇交易的参加者多来自各个不同的国家，交易范围极广，交易方式也日渐复杂，参加交易所交易的成本显然高于通过现代化通信设施进行交易的成本。因此，即便是欧洲大陆各国，其大部分当地的外汇交易和全部国际性交易也都是用柜台方式进行的。

四、外汇交易方式

外汇是伴随着国际贸易而产生的，是国际间结算债权债务关系的工具。但是，近十几年，外汇交易不仅在数量上成倍增长，而且在实质上也发生了重大的变化。外汇不仅是国际贸易的一种工具，而且已经成为国际上最重要的金融商品。个人和机构交易货币的原因有很多，最主要的两个原因是货币兑换和投机。货币兑换是指将钱从一种货币兑换成另一种货币，其主要的目的是从其他国家购买商品、服务或资产。比如，一个打算购买英国商品的美国公司，需要将美元兑换成英镑。以投机为目的，或明确以赚钱为交易目的的外汇交易过程与股票和期货的交易非常类似。其目标，不管是以长期还是以短期为基础，都是要从价格变化中获利。就像股票价格会上涨和下跌一样，货币的价格也有涨跌。外汇交易的种类也随着外汇交易性质的变化而日趋多样化。

外汇交易主要可分为现钞、现货、合约现货、期货、期权、远期交易等。[①] 具体来说，现钞交易是旅游者以及由于其他各种目的需要外汇现钞者之间进行的买卖，包括现金、外汇旅行支票等。现货交易是大银行之间以及大银行代理大客户的交易，买卖约定成交后，最迟在两个营业日之内完成资金收付交割。合约现货交易是投资人与金融公司签订合同来买卖外汇的方式，是适合于大众的投资。期货交易是按约定的时间，并按已确定汇率进行交易，每个合同的金额是固定的。期权交易是将来是否购买或者出售某种

---

① 本书重点在外汇现货交易和外汇保证金上，因此对外汇期货、外汇期权和远期外汇交易不予阐述。

货币的选择权而预先进行的交易。远期交易是根据合同规定在约定日期办理交割，合同可大可小，交割期也较灵活。

从外汇交易的数量来看，由国际贸易而产生的外汇交易占整个外汇交易的比重不断减少，据统计，目前这一比重只有1%左右。可以说，现在外汇交易的主流是投资性的，是以在外汇汇率波动中赢利为目的的。

外汇交易方式的类别有如下三种。

1. 外汇现货交易（实盘交易）

外汇现货交易是一种最直接的交易方式，是以大银行之间及大银行代理大客户的交易，买卖约定成交后，最迟在两个营业日之内完成资金收付交割。

个人外汇现货交易也被称为实盘交易，是指个人委托银行，参照国际外汇市场实时汇率，把一种外币兑换成另一种外币的交易行为。由于投资者必须持有足额的要卖出外币才能进行交易，所以跟国际上流行的外汇保证金交易等相比，缺少保证金交易的卖空机制和融资杠杆机制。目前，我国主要银行都开展了个人外汇实盘交易业务。投资者可以凭手中的外汇到银行办理开户手续，存入资金，即可通过网络、电话或柜台进行外汇买卖。

2. 外汇合约现货交易（保证金交易）

外汇合约现货交易，又称外汇保证金交易、按金交易、虚盘交易，指投资者与专业从事外汇买卖的金融公司（银行、交易商或经纪商）签订委托买卖外汇的合约，缴付一定比率（一般不超过10%）的交易保证金，便可按一定融资倍数买卖十万美元、几十万美元甚至上百万美元的外汇。这种合约形式的买卖只是对某种外汇的某个价格做出书面或口头的承诺，然后等待价格出现上升或下跌时，再做买卖的结算，从变化的价差中获取利润，当然也承担了亏损的风险。由于这种投资所需的资金可多可少，所以近年来吸引了许多投资者的参与。

外汇期货交易必须要在专门的期货交易所以做市商（专业从事外汇买卖的金融公司即银行、交易商或经济商）方式进行。投资者在一家金融公司开立外汇交易账户后，这家金融公司就以做市商的形式成为投资者交易外汇的对手方。投资者按照外汇合约现货交易做市商公布的买进、卖出价格买进、卖出外汇合约，做市商必须保证交易的实现。投资者可以根据自己定金或保证金的多少，买卖几个或几十个合约。一般情况下，投资者利用1000美元的保证金就可以买卖一个合约，当外币上升或下降，投资者的盈利与亏损是按合约的金额即10万美元来计算的。外汇合约现货交易合约约定的外币金额分别是62500英镑、125000欧元、10000加拿大元、12500000日元、125000瑞士法郎，可以通过对冲结束交易，即可以先买后卖，也可以先卖后买等。外汇合约现货交易不需要进行最终交割，没有到期必须交割的限制。

3. 外汇在线保证金交易

外汇市场最初是银行家和大机构投资者的"高档会所"，而非我们这些小散户的"游戏房"。一直到20世纪90年代，外汇交易还是只有那些手握重金的"大腕"才能玩得起的游戏。那时要进场交易，起码要拥有 1000 万～5000 万美元的资本。然而，1997 年以来，随着互联网的发展，在线外汇保证金交易已经风靡世界，成为外汇交易的流行方式，不仅银行间交易已开始采用在线方式，个人也越来越多地通过互联网参与外汇市场交易，打破了地域的局限，可以更加方便地进行外汇投资。

外汇在线保证金交易本质上是一种外汇合约现货交易。外汇在线保证金交易与外汇合约现货交易的主要区别是合约约定的货币数量不同。一个标准外汇在线保证金交易合约约定的货币数量，对日元、瑞士法郎、加拿大元是 100000 美元，其他货币为 100000 英镑、100000 欧元。外汇在线保证金交易还有一种迷你合约，其约定的货币数量，对日元、瑞士法郎、加拿大元是 10000 美元，其他货币为 10000 英镑、10000 欧元。

第二节　外汇交易过程

一、货币对

相比其他主要的金融市场，比如股票和期货市场，外汇市场是按一种非常特殊的方式进行交易的。与这些更传统的市场不同，外汇交易通过使用基础工具的相对价值来完成，而不是绝对价值。

外汇市场更特别之处在于，货币是按对交易的。比如说，当外汇交易员谈论交易美元时，他们实际上谈论的是交易美元对另一种货币的相对价值。这里的另一种货币可能是欧元、英镑、日元，甚至是泰铢或者很多其他的货币。一个货币对中的第一种货币被称为基准货币（或标准货币），第二种货币则被称为报价（或标价）货币。

我们应该牢记，外汇交易中的货币有两个必不可少的、相对的组成部分，而不是像在交易股票和债券时那样只有一种货币。当外汇交易员初涉外汇市场时，他们需要考虑两种货币的相对价值。这意味着一个交易员不能只考虑一种货币的价值是否会上升或下降。相反，他应该总是要考虑一种货币相对于另一种货币的价值是否会上升或下降。

比如，被最广泛交易的货币对之一是美元/日元，也就是美元对日元。如果交易员认为美元相对于日元的价值会上升，他们将买入美元/日元货币对。相反，如果他们认为美元相对于日元的价值将下降，他们将卖出美元/日元货币对。根据同样的原理，从理论上讲，如果交易员认为日元相对于美元的价值将上升，他们将卖出美元/日元货币对；而如果他们认为日元相对于美元的价值将下降，他们将买入美元/日元货币对。

货币对的顶层是 4 个"主要货币对"（majors），外汇市场上的大多数交易都是由它们构成的，因此它们的流动性最大，而且都是以美元为基础的。这 4 个主要货币对分别是欧元/美元（EUR/USD，欧元对美元）、美元/日元（USD/JPY，美元对日元）、英镑/美元（GBP/USD，英镑对美元），以及美元/瑞士法郎（USD/CHF，美元对瑞士法郎）。

接下来是"半主要货币对"（semi-major），其中也包含了美元，但交易不如主要货币对那么活跃。半主要货币对包括美元/加拿大元（USD/CAD，美元对加拿大元）和澳大利亚元/美元（AUD/USD，澳大利亚元对美元）。

再次是一些重要的"交叉货币对"（crosses），根据其定义可知，它们不包含美元。交叉货币对包括欧元/英镑（EUR/GBP，欧元对英镑）、澳大利亚元/新西兰元（AUD/NZD，澳大利亚元对新西兰元）、加拿大元/日元（CAD/JPY，加拿大元对日元）、英镑/瑞士法郎（GBP/CHF，英镑对瑞士法郎）、欧元/日元（EUR/JPY，欧元对日元）以及其他。

最后是"奇异货币对"（exotics），与主要货币对和交叉货币对相比，它们在全球外汇市场上的交易量非常少，因此排在了货币对列表的最后。这些货币对包括匈牙利福林（Hungarian forint，HUF）、马来西亚林吉特（Malaysian ringgit，MYR）、南非兰特（South African rand），以及无数其他货币。

二、做多与做空

货币按对来交易的特征将外汇市场与其他市场在很多重要方面都区分开来，其中一个方面就是多头（long）和空头（short）的概念。

比如，在交易股票时，"多头"就是指买入特定股票份额的过程，以期它的价值会上升。相反，"空头"是指在实际拥有股份之前将它们卖出，附带的条件是之后要将股份买回或"平仓"（covered），如果股票价格下降，就很有可能会获利。所以，如果交易员认为某只股票的价格将会上升，他将进入交易的"多头"；如果他认为一只股票的价格将下降，就将卖出"空头"（做空）。

与股票市场不同，外汇交易市场对待多头和空头的方式有很大差别。要做多欧元/美元，就要同时买入欧元和卖出美元；而要做空欧元/美元，则要同时卖出欧元和买入美元。因此，不管你对哪一种既定货币对空头还是多头，总是对货币对中的一种货币做多，而对另一种货币做空。

对那些习惯了交易股票和（或）期货的交易员来说，这个概念可能非常奇怪，但它实质上意味着不管一个交易员在货币市场上持有什么头寸，这个交易员总是既看多一种货币，又同时看空另一种货币。

三、市价指令单

外汇交易员通常十分依赖市价指令单（market order），具体情况要视特定的策略或其偏好的交易类型来定。发出市价指令单就意味着交易员想要在现在这个时刻进入一个货币头寸，不管它是一个买（做多）还是卖（做空）某一货币对的指令。

这种指令的主要功能是，市价指令单是按当期市场价格，而不是未来的价格水平来执行的。这一功能将这种类型的指令单与其他指令单区分开来。

市价指令单主要是那些在交易中心盯市，等待出现某种技术图形或等待一个基本面新闻被宣布的交易员使用的。一旦出现了这样的交易机会，交易员就能够通过使用一个已经设定好的市价指令单来快速建立一个市场头寸。

四、进场指令单

与市价指令单立即执行的特征刚好相反，进场指令单（entry order）是一个待定的头寸，它的目的是当达到某一价格水平就触发交易。这种类型的指令单可以提前设定，而且只有当达到特定价格时才会被执行。

进场指令单有两种主要类型：停止进场（stop entries）和限价进场（limitentries）。在零售外汇交易市场中，这两种进场指令单类型之间的功能差异更多的是体现在语言表达上，而且许多经纪商模糊了它们的区别而都把它们叫作进场指令单。但如果交易员的外汇经纪商对这些概念做了完整的划分，交易员只需要学习并记住下面这些定义就可以了。

买入停止（buy stop）是在高于当期价格的价格水平上买入的进场指令单；买入限价（buy limit）是在低于当期价格的价格水平上买入的进场指令单；停止卖出（sell stop）是在低于当期价格的价格水平上卖出的进场指令单；限价卖出（sell limit）是在高于当期价格的价格水平上卖出的进场指令单。

与市价指令单不同，进场指令单主要是那些不能或不愿意紧盯实时市场价格，并在交易中心等待交易机会的交易员使用的。有了进场指令单，就可以在系统中提前输入涵盖了整个交易周期的完整指令单，包括交易进场指令单以及止损和利润目标退场指令单。

进场指令单有时候也可以被用作强制执行指令单进场纪律的一种工具。由于受到一些起反作用的情绪，比如贪婪和恐惧的影响，如果按当前价格交易，发出市价指令单的交易员通常容易倾向于"匆忙地"输入指令单。相反，进场指令单机制会促使交易员只有在达到他们提前设定的特定价格水平和进场规则时才进行交易。纪律在成功的交易中是一个非常重要的因素。

五、止损指令单和追踪止损指令单

市价指令单和进场指令单都是交易进场指令单，止损指令单（stop loss）、追踪止损指令单（tailing stop，或称为移动止损指令单）和限价指令单（profit limit）是交易退场指令单。虽然许多刚开始接触外汇市场的交易员专注的几乎都是进场指令单，但是大多数中级和高级交易员会认识到退场指令单也同样重要，而且有些人认为，设置退场指令单甚至比设置正确的进场指令单更为重要。

止损指令单确实就如它们看起来的那样，确实是"止损"了。止损指令单是一种未决定的指令单形式，它可以依附在任何开仓订单或头寸之上，不管交易最初用的是一个市价指令单，还是一个进场指令单。当价格达到一个预先确定的损失水平时，止损指令单就会停止或开始交易。止损点是一个价格点，在这个价格水平上，交易员不再愿意参与交易，因为他想要把损失限制在一个可以管理的范围内。

在使用技术分析时，如果从技术性价格的角度来看，继续一个交易不再明智的话，交易员就会用一个止损指令单来终止这个亏损的交易。比如，如果一个货币对的价格向上突破了一条关键的阻力线，而且技术交易员打算买入该货币对，希望从持续的价格上升中获利，那么一个合理的止损位就应该设置在价格突破的那条线的正下方。这是因为，如果接下来价格回撤到这条线的下方，那么就不能将它看成是一次有效的价格突破，这个交易也就不再明智了。对提前锁定交易风险和限制灾难性交易损失来说，止损点都是极其有用的。

止损指令单的近亲是追踪止损指令单。从定义来看，止损指令单是一个在事先决定的损失水平上停止交易的静态指令单，而追踪止损指令单是一个在逐步更优的价格上停止交易的动态指令单。追踪止损指令单的主要目的是在限制损失的同时自动锁定收益。追踪止损指令单通过当价格朝有利方向变动时，系统地移动止损点来达到这一目的。比如，某一交易员购买了欧元/美元货币对，那么该交易员不仅希望如果价格按多头的反方向变动就止损，还希望如果价格对多头有利时就锁定收益。为了达到这一目的，该交易员将会发出一个追踪止损指令单。如果止损点被设定为追踪市场价格20基点（基点［pip］的概念将在后面详细介绍），追踪止损指令将确实会通过随着市场变动而增加20个点来动态地追踪价格，但是只有当市场朝着有利的方向变动时才可以。

需要记住的一个概念是，追踪止损点将只会朝着一个方向（对交易员的头寸有利的方向）移动，如果价格朝着对交易员不利的方向变动，追踪止损点将不会移动。而且如果价格朝着对交易员头寸不利的方向变动的程度超过了事先决定的移动止损点数，交易将自动停止。如果这种情况发生在价格已经朝着对交易员头寸有利的方向变动了很长一段时间之后，且最开始进行的是动态止损，那么现在应该已经获得了丰厚的利润。

追踪止损指令通常是专业的风险管理策略的一个关键组成要素，对外汇交易员是极其有用的。

六、限价指令单

另一种重要的退场指令单是限价指令单（profit limit）。限价指令单可以被看成是与止损指令单相反的一种指令单。限价指令单的目的是在一个事先确定的、有利可图的价格水平上自动停止或开始交易，以达到在交易账户中实现这些收益的目的。

限价指令单的设置非常类似于止损指令单的设置，只不过方向相反。设置限价指令单的主要目的，是为了在价格反转并吞噬掉这些收益之前实现和保护这些收益。当外汇交易员设置进场指令单时，他们通常也会设置止损和限价指令单，因为某一事先确定交易的价格有朝任何方向变动的偶然性。

七、退场指令单

这里将要讨论的最后一种退场指令单类型是手动退场指令单（manual exit），或手动了结指令单（manual close）。这种指令是指在当前市场价格水平上了结一个未完结的交易，它很像一个交易员按当前市价下了一个市价指令单之后即建立了一个头寸。

使用手动退场指令单而不是预先设置的退场指令单，对初学者来说可能是很危险的。正如过度依赖于市价指令单的交易员可能会倾向于随意建仓一样，使用手动退场指令单的交易员可能会落入同一种陷阱。

心理止损就属于手动退场，它意味着交易员"打算"在某一个金融损失点上手动地了结一个亏损的交易，但并不是真正地下止损指令单。由于一些显而易见的原因，心理止损可能会非常危险，尤其是在没有严格的纪律约束交易员去终止亏损的交易，并避免发生灾难性损失的情况下。

在这一系列指令单中，手动退场指令单不仅优势最小，它还有潜在的不利之处。如果交易员的限价指令单没有严格遵守计划中适当的风险/收益比率，他们通常会因受到诱惑而过早地手动终止了盈利的头寸。换句话说，使用手动退场指令单，胆怯的初学者通常会过早地终止他们的交易而无法获得丰厚的盈利，这使他们无法成为成功的交易员。

八、交易规模：手

是否进入或退出某一个外汇交易，实际买卖了多少给定的货币，答案都取决于"手"（lot）。在金融市场上与"手"最接近的等价概念是合约，它是标准的期货交易术语。手，是在外汇市场上买和卖的标准化交易单位，与合约在期货市场上充当的角色非常类似。

交易中使用的手有多种类型，它们是根据规模来分类的。标准（standard）、迷你（mini）、微型（micro）或超级迷你（super-mini）是零售外汇经纪商和交易员通常使用的主要术语，它们用于描述不同的可交易的手的规模。一个标准手（standard lot）的规模是10万个货币单位，而一个迷你手（mini lot）是1万个货币单位，一个微型手（micro lot）或超级迷你（super-mini）是1000个货币单位。

这些手的规模是用通用的货币单位来定义的，因为由单位表示的特定货币要根据交易所使用的货币对而定。比如，如果交易的是一标准手的欧元/美元，手的规模将是10万欧元。同样，如果交易的是一标准手的澳大利亚元/日元，手的规模将是10万澳大利亚元。

交易员应该选择与自身的账户规模和风险容忍度相适应的手，这一点非常重要。交易员选择的手的规模实际上会影响交易的所有因素，包括进入并维持某一交易所要求的保证金的大小；价格每变动一个基点的货币价值；支付的价差成本的数量；支付或收到的利息的数量。

九、杠杆保证金和杠杆

保证金和杠杆的概念是极其重要的。保证金是交易员的账户中可以用于控制货币头寸的实际交易资金数量。杠杆是交易员可以放大保证金的金融控制能力的倍数。

因为在外汇交易中高杠杆非常常见，所以交易员只用交易账户中很少一部分的保证金就能够进行一个很大的手的交易。

外汇经纪商现在提供的最常见的杠杆率范围为从较低的 50∶1 到较高的 400∶1。可见，外汇市场上的杠杆水平是非常巨大的，即使是较低的杠杆率，也远远超过在其他金融交易市场上可获得的杠杆率。

从实际来看，这意味着如果一个外汇交易员想进行一个标准手 10 万美元的交易（比如美元/瑞士法郎货币对），他只需要交 250 美元的保证金就行了。这里假设可以获得最大的杠杆率 400∶1。换句话说，对交易员交易账户中的每 1 美元来说，该交易员可以在货币交易中控制 400 美元。在这个特殊的例子中，交易员交易账户中的 250 美元可以控制一个 10 万美元的交易，使用 400∶1 的杠杆率。

当然，和生活中的很多其他情形一样，外汇交易中提供的高杠杆可以被看成是一把双刃剑。外汇交易中的少量资金控制了大量资金，这当然可以用于放大收益潜力，但另一方面，在高杠杆交易中内含的风险也同样被放大了。因此，交易员在用外汇交易中常见的巨大杠杆率进行交易时必须谨慎。高杠杆的交易是激进的交易，其特点是高风险和高潜在收益并存。

十、追加保证金

当进行激进的外汇交易时，所承担的主要风险就是令人惧怕的追加保证金。主流的观点认为，追加保证金对交易员来说是最坏的情形，但事实上，最坏的情形还不止如此。

追加保证金实际上是一种保护措施，它能防止交易员损失掉交易账户中 100%，甚至更多的资金。实际上，欠经纪商额外的钱才是最坏的情形，正是由于有了追加保证金制度，才在很大程度上避免了这种令人不安情形的出现。

与传统的股票交易领域不同，外汇交易中的追加保证金制度其实并不是指在账户中资金水平很低时，经纪商真的要求交易员在保证金账户中加入额外的资金。在外汇市场上，如果一个交易员的交易账户中不再有足够的资金来维持敞口头寸，交易平台软件将自动平掉所有的敞口头寸，并立即按当前的主要市场利率实现所有的损失。

尽管这看起来有些残忍，但外汇交易中的自动追加保证金制度是非常合理的。在外汇市场上，价格可能会快速地剧烈波动，而且由于高杠杆率的存在，每一个价格变动都被放大了。因此，当一个交易员的资金水平很低时，账户可能会被快速耗尽，而且通常没有时间追加更多的资金。作为一个保护措施，外汇追加保证金平掉了所有敞口头寸，以确保交易员不会损失整个账户资金或者发生比这更坏的情况。

那么，在什么情况下追加保证金机制将会被触发呢？这完全取决于交易的手的数量和规模，以及选择的杠杆和账户中的资金。一般来说，当一个交易账户不再有可用资金去维持现有的敞口头寸所要求的保证金时，追加保证金机制就被触发了。比如，假设一个交易员的交易账户中有2500美元，杠杆率为100:1，标准手规模为每笔交易10万单位货币，这些就是交易账户的背景。如果该交易员希望买一手（或10万英镑）英镑/美元货币对，假设英镑/美元的即期汇率为1.970，要想建立交易则需要1970美元的保证金。这是因为要在100:1的杠杆率下控制10万英镑，需要1000英镑，但是因为交易账户的面值是美元，这1000英镑需要兑换成等量的美元（按照当期汇率，约为1970美元）。在这种情形下，每一个最小价格变动或基点正好价值10美元。假设该交易员没有下任何止损指令单，且市场按对头寸不利的方向变动，每一个对头寸不利的价格变动都会让账户资金减少10美元。如果交易员的交易账户中最初有2500美元，而维持交易开放所需要的保证金是1970美元，一旦资金降到1970美元（它比最初的账户权益低530美元）以下，账户将遭遇追加保证金，而头寸将被自动了结。在每个基点10美元的情况下，这笔交易在遭遇追加保证金之前产生了一个接近53个基点的潜在损失（减去点差）。

上述例子中存在的一个明显问题是，相对于交易账户中的资金数量，交易员进入了一个过大的交易，而且没有使用止损指令单。当然，只要使用一些优秀的交易智慧，就可以很容易地避免追加保证金，甚至避免更加恐怖的毁灭之灾。比如，使用止损指令单以及只进入交易规模与交易账户规模成适当比例的交易。

十一、基点

基点是指一个货币对中汇率价格变动的最小单位。基点代表"用点表示的百分比"（percentage in point）或"价格利益点"（price interest point），不管具体是哪个意思，它的实际含义都是明确的。交易员们交易外汇是为了赚取基点。赚取基点是对一个成功交易的回报，而失去基点是对一个失败交易的惩罚。

类似于其他金融市场上的替克（tick），基点通常是指最主要货币的小数点后第四位的最小价格变动，即等于1/100的1/100，或叫做一个基本点（one basis point）。需要注意的是，对于以日元为面值的货币对来说，基点将代表小数点后两位的价格变动。因此，对于绝大多数的货币对来说，比如欧元/美元、英镑/瑞士法郎或澳大利亚元/新西兰元，汇率的形式为×.××××，这里0.0001的变化将构成一个基点的变化。而对于包含日元的几个货币对来说，比如美元/日元或英镑/日元，汇率的形式为×××.××，这里000.01的变化将构成一个基点的变化。

在指定了交易中手的规模时，计算每一个货币对的每一基点的准确价值是经纪商交易平台的工作，可以使用一种专门计算基点的计算器来计算。但是，在没有计算器的时候，这里有一个简单的计算公式：

每基点价值=[手的规模]×[手的数量]×[基点规模]

该公式的计算结果将用报价货币（货币对中的第二种货币）表示。如果报价货币是美元，以美元为面值的交易账户就不需要进行货币兑换。但是，如果报价货币不是美元，要获得每基点的美元价值，计算结果必须用报价货币和美元当期汇率兑换成美元。下面是一些计算基点价值的例子：

例1：每一标准手美元/日元的基点价值=100000[手的规模]×1[手的数量]×000.01[基点规模]=1000日元（报价货币是日元），美元基点价值=1000日元÷101.00[当期美元/日元汇率]=9.90美元/点；

例2：每一标准手欧元/英镑的基点价值=100000[手的规模]×1[手的数量]×000.01[基点规模]=10英镑（报价货币是英镑）；美元基点价值=10英镑×1.9750[当期英镑/美元汇率]=19.75美元/点；

例3：每一标准手欧元/美元的美元基点价值=100000[手的规模]×1[手的数量]×000.01[基点规模]=10美元（报价货币是美元）。

所有以美元结束（作为报价货币）的货币对一标准手的基点价值是10美元/手，一迷你手的基点价值是1美元/手，一微型手的基点价值是0.10美元/手。这些货币对都是交易频繁的货币对，比如欧元/美元、英镑/美元和澳大利亚元/美元。

对于其他关键货币对，比如美元/日元、美元/瑞士法郎和美元/加拿大元，其汇率的基点价值非常接近以美元报价的货币对的基点价值。对于一标准手，这些货币对现在的基点价值分别是9.87美元/基点、9.99美元/基点和9.80美元/基点。

最后需要记住的是，尽管手的规模、交易的手的数量和交易的特定货币都将影响基点价值，但是交易员选择的杠杆率，不管是50∶1、400∶1还是介于两者之间，对基点价值都没有任何影响。

十二、点差和佣金

与基点价值联系密切的概念是点差（spread）。期货和股票交易员已经习惯于为每一次交易向他们的经纪商支付佣金（commission），从一开始就是这样。在20世纪90年代，零售外汇经纪商开始出现，他们承诺不收取佣金。点差和佣金实际上都是交易员对经纪商所提供服务的交易性支付。如果两者金额差不多，那么除了叫法以外，它们并没有什么区别。

市场信息的接受者们最终认识到，即使不是以收取"佣金"的名义，经纪商也必须通过某种方式赚钱。因此，"点差"成了外汇经纪商收入的新绰号。

点差就是指买入价（bid price，交易员能够卖出一种货币对的汇率）和卖出价（ask price，交易员能够买入一种货币对的汇率）之间的点数之差。通常，我们可能会看到一个汇率这样报价：1.5850/53。这种类型的报价首先提供的是买入价，然后是卖出价，卖出价是在买入价的基础上确定的。在这个例子中，两个价格之间差了3个基点。这些基点就代表了点差，它实际上是为经纪商提供服务而支付的，代替了佣金。对于大多数外汇经纪商来说，只要进入了交易就立即出现点差。这就是说，一旦进入了交易，不管是买还是卖，敞口头寸马上就会显示出一个与点差大小相等的运行损失。这个点差亏损额需要靠价格的有利变动来弥补，交易员才能够不盈不亏，甚至有机会从头寸中获利。必须明确的一点是，在整个交易周期中，点差只被收取一次，从建立头寸到结束头寸。在一次完整的交易中，点差绝不会被收取两次。

主要的货币对，包括欧元/美元、美元/日元、英镑/美元和美元/瑞士法郎的主要点差，通常在2~5个基点之间。根据基点价值，我们就可以很容易地推算出每笔交易的点差成本。比如，如果交易一迷你手的欧元/美元，一个特定经纪商收取的点差可能是3个基点，这笔交易的点差价值将是3.00美元（因为一迷你手的欧元/美元的每基点价值为1美元），这将构成外汇交易的主要交易成本。

一般来说，点差既可以是变动的，也可以是固定的。许多变动点差经纪商会在行市清淡的市场宣传他们的点差很小，但是在市场更快、波动性更强的时期，他们会大幅加大点差而不发出任何通知。速动市场通常发生在经济新闻发布相对频繁的时期。在交易期间加大点差可能会给敞口和（或）未确定的头寸带来潜在的严重损害，比如交易失效或过早地触发交易进场、止损、限利，甚至是保证金交易。相反，固定点差经纪商通常提供一个稍微大一些的点差，但是之后就将这些点差固定在一个稳定的水平，不管市场条件如何。这显然是一个极大的优势，因为价格确定性由此增加，而意外情况减少。如果一个交易员计划在任何一种类型的速动市场买入和（或）卖出一种货币，最好选择一个固定点差经纪商。

十三、利息

尽管点差是外汇交易中最主要的交易成本，但外汇交易中还存在着一个次要成本，它取决于交易的货币对、交易方向和持有头寸的时间。非常有趣的是，这种潜在的次要成本既可以被完全避免，也可能变成一个非常高的正收益。

实际上，有一种完整的交易策略叫做套息交易法（carry trading），它是通过持有策略性货币头寸来赚取高杠杆、高收益的利息收入。

下面用一个简单的例子来描述外汇交易中利息的概念。例如，澳大利亚联邦储蓄银行的澳大利亚元利率很高，为7.25%，而日本银行却让日元利率保持在非常低的水平，为0.50%，这两种利率之差（6.75%）既是潜在的机会，也是潜在的成本。如果一个交易员买了澳大利亚元/日元货币对，该交易员实际上是买入了澳大利亚元（按照现在很高的利率），同时卖出了日元（按照现在很低的利率）。净效应是该头寸将赚取很高的利息，同时支付很低的利息，这为交易员创造了一个大致以这两种货币的息差为基础的净的正利息收益。在这个例子中，利息收益是以当期6.75%的息差为基础的（减去利率点差成本）。相反，如果该交易员卖出了澳大利亚元/日元货币对，实际上是卖出了澳大利亚元，同时买入了日元。净效应是该头寸将赚取低利率（日元）同时支付高利率（澳大利亚元），这为交易员创造了一个大致以这两种货币的息差为基础的净的负利息亏损。在这个例子中，利息亏损是以当期6.75%的息差为基础的（加上利息点差成本）。

通常，交易员很少会因为将要赚取或支付看起来微不足道的利息而激动不已，尤其是在节奏快、波动性强的外汇交易领域。但是有一点非常重要，它确实能让交易员激动不已，那就是赚取或支付的利息是以被杠杆化后的交易金额为基础的，而不是以交易员少量的保证金为基础。换句话说，仍以上述澳大利亚元/日元货币对为例，在一标准手（100∶1）的交易中，以息差为基础的利息是以杠杆化后的10万澳大利亚元为基础来赚取或支付的，而不是以为了进行交易而投入的1000澳大利亚元保证金为基础。不管交易员支付还是赚取利息，都是根据交易员敞口头寸的杠杆化净息差来计算每日的利息，当然还要将不可避免的利率点差成本也考虑进去。对于大多数外汇经纪商来说，当敞口头寸是"展期"（rolled over）时，向交易员支付或收取的日利息（取决于头寸的方向，多头或空头）每天都会加到交易员账户中去，或从账户中扣除。这个过程一般发生在每个交易日的同一时间，而且通常是在交易日快结束时，但具体时间会因外汇经纪商的不同而有所不同。

不管一个交易员是试图避免被收取利息，还是获得利息支付，或两者都不是，了解利息将如何影响所有外汇头寸都是非常重要的。

十四、对冲

对冲（hedging）是一个相当专业的交易职能，并不是每一个交易员都使用它。事实上，大多数外汇经纪商甚至都不在他们的交易平台上提供这种功能。但是，对那些需要应用特定交易策略的交易员来说，对冲可能是一个非常有用的工具。

要进行对冲，就是要同时对同一货币对做多和做空。比如，如果一个交易员买了一手美元/日元，同时卖了一手美元/日元，就可以说该交易员是进行了处于收益/损失中性的完全对冲交易。换句话说，货币对的任何价格变动（上升、下降或横向盘整）都不会对一个进行了对冲的交易产生任何影响。

那么为什么交易员还要使用一个相当于完全没有持有头寸的交易功能呢？一些交易员已经开发了一些策略，尤其是一些想从新闻推动价格达到顶点中获利的策略，其中就包括了策略性地使用对冲。但是，对大多数不使用对冲的交易员来说，需要意识到对冲的存在，而且它可能会被用于保护一个单边货币头寸。

如果建立了同一货币对的一个反向头寸，那些不提供对冲的经纪商就只是终止了最初的单边头寸。但是，对于提供对冲的经纪商来说，同一货币对的反向头寸被当做两个敞口头寸，它们有效地抵消掉彼此的收益/损失。

关于对冲最后需要注意的一点是，因为两个完全相反的头寸是收益/损失中性的，并因此创造出了一个无风险的情景，所以提供对冲的经纪商只需要对对冲的一方要求保证金，而另外一方，即相反方是一个无保证金交易。这意味着建立和维持对冲中的第二个头寸是不需要使用交易员的交易资金的。

第三节 外汇交易系统

一、外汇交易系统种类

随着科学技术的进步，在外汇交易中出现了电子交易系统。电子交易系统的运用使得外汇交易者不必集中在固定的场所就可以组织起一个信息传递迅速的无形交易网络。目前全球的外汇交易系统有路透社交易系统、德励财经资讯系统、美联社金融信息服务系统和彭博资讯系统，其中运用最广泛的外汇交易系统是路透社交易系统。

（一）路透社交易系统

路透社交易系统（Reuters Terminal System）是目前银行间外汇交易的主要工具。它是一套高速电脑系统，操作十分简单，主要包括控制器、显示屏、操作键盘和打印机等。交易员可以从终端显示屏上获得各种货币的汇价、报价以及有关汇价变动的新闻信息等。银行用户将自己的终端机与路透社交易系统连接后，交易员只要启动自己的终端机，通过操作键盘输入自己的终端密码，就可以与对方联系。

目前全球有数千家银行参加了路透社交易系统，每家银行都有一个指定的交易代码，如中国银行总行代码为BCDD。如果交易员想与某银行进行交易，只要用键盘输入该银行的代码，叫通后即可与其进行询价、还价甚至交易。交易员在交易的过程中，可同时向几个交易银行进行即时询价或选择汇价，若报价过高，临时想改变汇价或更改其他内容，可按插入键（interrupt），以重新控制对话。路透社交易系统设有简化英文字码程序，交易员可自行编制所谓代码来代替常用交易术语，如交易证实、交割日、交易员代码等。

在路透社交易系统中，所有对话都有书面记录，一旦对话完毕按结束键（enter）后，双方的交易过程都显示在终端机的显示屏上，双方打印机自动打印出完整的交易记录，作为原始的交易合同。路透社交易系统同时连接两台打印机或复印式双联打印机，一份作为交易合同与交易单一并交给清算员进行清算，另一份作为原始文件存档备案。

（二）德励财经资讯系统

德励财经资讯系统（Telerate System）隶属于美国的道·琼斯公司，于1969年创设电子金融信息市场，即时同步提供全球最新经济金融信息，其总部设在中国香港。德励财经资讯系统的信息来源于世界各地2000多家银行、证券和外汇交易所以及商品交易中心等。

（三）美联社金融信息服务系统

美联社金融信息服务系统（The Associated Press Financial Information Service System）结合了美联社在财经市场上的经验和在提供即时金融数据上的专长。通过个人电脑终端机或地区网络，该系统可以提供有关外汇买卖价、投资组合、经济评论、经济指标和公司活动等信息。美联社系统的情况与路透社系统大体是一样的，只是在提供的服务项目上略有区别。

（四）彭博资讯系统

彭博资讯系统（Bloomberg L. P. System）由美国彭博信息公司于1981年创建，它是一家全球性的信息服务、新闻和传媒公司，总部位于纽约，在世界各地的100多家办事处雇用了8000名员工。有1600名记者，全球拥有94个分支机构，每天采集超过4000条信息。

在国际金融界，彭博资讯系统的旗舰产品是"彭博专业服务"，即用电视、广播、文字、数据、软件分析等各种手段，即时向用户直播全球重大的财经新闻，以及各地各种交易市场的实时行情。这种将新闻、数据、分析工具、多媒体报告和"直通式"处理系统整合在单一平台的服务，使得彭博公司在创办短短十余年就拥有近20万个全球用户终端，在全球实时数据市场上已经占据36%的市场份额。

二、外汇交易系统功能

（一）即时新闻信息

这些信息包括各国的政治、经济、金融、财政、军事、商品贸易、利率、货币供应量、就业水平、国际收支状况和经济增长情况等各种新闻信息。

（二）即时汇率行情

外汇交易系统的即时汇率版面为交易员显示即时的世界各大银行外汇买卖的参考

价。该价格由参加路透社报价系统的银行通过终端输入，而后由电脑自动选择有价值的报价显示在显示屏上。用户只需按下 ASAP（as soon as possible）代号，显示屏上即可显示出这些最新的汇价。值得注意的是，这些汇价只能作为参考价，而不是市场交易的实际汇价。

（三）市场趋势分析

外汇交易系统拥有许多高级经济学家、银行家、金融专家和分析专家。他们负责每天撰写汇市评论和走势分析，然后输入路透社电脑中心。用户可以利用键盘调出所需的内容，以做参考。

（四）技术图表分析

外汇交易系统为客户提供的终端机具有图表绘制和分析功能。利用这些功能，客户可以根据自身需要绘制出各种技术图表，以利于进行高技术分析。

（五）外汇买卖

交易员通过外汇交易系统的终端机可与该系统内任何一家银行进行外汇买卖。交易员只要在键盘上输入自己的终端密码，然后再输入对方银行的代码，叫通后即可与其进行询价、还价甚至交易。一旦成交后与该终端机相连的打印机会自动打印出交易合同。

三、我国个人外汇交易

（一）概述

改革开放 40 多年来，我国人民生活水平发生了巨大的变化。我国与世界各国的交流和往来前所未有地增多，令越来越多的国内居民拥有了外币资产。我国个人外汇资金要实现保值、增值，其投资的渠道主要有三条，即储蓄存款、证券股票市场投资和个人外汇买卖投资。

由于我国对居民个人利用外币向 B 股市场的投入有条件限制，因此难以进入 B 股市场，也难以运用这些外币资金投资境外股市。而过去大多数居民对个人外汇买卖又知之甚少，限于时间、经验、技术和手段等方面的原因，还很少有人想到从事个人外汇买卖的投资活动，因此事实上，只有外汇储蓄存款才是我国普通老百姓主要的外汇投资渠道。

2000 年以来，银行业务不断推陈出新，买卖的币种增加，服务更便捷、方式更多元化，这使得国内的个人外汇交易业务快速发展。具体而言，我国银行的个人外汇交易业务，是指银行接受客户的委托，按照银行报价，为客户把一种外币兑换成另一种外币的业务。凡是具有完全民事能力，在各外汇指定银行的个人外汇交易指定营业网点开立个人外币存款账户或持有外币现钞的境内居民均可在银行办理个人外汇买卖业务。

目前按国家有关政策规定，个人只能进行实盘外汇买卖，还不能进行虚盘外汇买卖。持有有效身份证件、拥有完全民事行为能力的境内居民个人，具有一定金额外汇的均可进行个人实盘外汇交易。人民币目前尚不能自由兑换为外汇，因此客户不能拿人民币来做交易。也就是说，客户进行实盘外汇交易时，必须持有足额的需要卖出的外国货币。只有当客户委托卖出的货币金额没有超过其账户余额时，银行方可受理。凡是收取中间经纪费用，非法归集他人外币资金进行代理个人外汇买卖交易的，银行均不受理。

个人外汇买卖的交易汇价遵照国际惯例，按银行报价来进行。当客户完成个人外汇买卖交易后，成交或买入货币可存入银行的外币钞汇账户，也可提取现钞，银行根据有关规定给予支付。个人实盘外汇买卖业务与传统储蓄业务的不同之处在于，传统的储蓄业务只是一种存取性业务，以赚取利息为目的，而个人实盘外汇买卖是一种买卖性业务，以赚取汇率差额为主要目的，同时，客户还可以通过该业务把自己持有的外币转为更有升值潜力或利息较高的外币，以赚取汇率波动的差价或更高的利息收入。

（二）交易方式

为方便广大投资者，目前国内已开办个人实盘外汇买卖的银行。这类银行一般都提供了多种可选择的交易方式，包括柜台交易、电话交易、自助交易、网上交易和手机交易，供投资者根据个人实际情况选用。

如果客户进行柜台交易，只需将个人身份证件以及外汇现金、存折或存单交给柜台服务人员办理即可。如要进行电话交易或自助交易，则须带上本人身份证件、外汇现金、存折或存单，到银行营业网点办理电话号码或自助交易的开户手续后，方可进行交易。

（三）交易软件

外汇交易通常需要通过外汇交易平台进行外汇交易。这些外汇交易平台有全球性的公司开发的，也有国内各银行开发的系统，都是近似的功能。首先是软件下载安装，到相关官方网站寻找下载安装包，按照要求下载并安装软件。其次是申请账号，根据软件提示和要求提供自己相关信息，申请账号。账号申请成功后设定用户名和密码。再次是登录软件，根据自己设定的用户名和密码登录软件即可进行相关交易。最后是软件界面使用，可以通过软件得到相关产品、行情分析、新闻、账户信息，之后进行下单、成交、委托止损、委托止盈和平仓等交易。

第二章 外汇交易基本面分析

本章主要介绍外汇汇率定价基础和理论,影响外汇价格的经济因素、主要交易货币特征及基本面分析方案,为投资者分析外汇长期走势奠定初步分析方法。

第一节 汇率决定的理论基础

一、外汇市场

(一)外汇资产需求

影响银行外汇存款需求的因素与影响其他资产的因素是一样的。其中最主要的因素是对存款未来价值的评价。外汇存款的未来价值取决于两个因素:第一,这种外汇存款的利率(interest rate),即借出一单位的某种货币一年可以获得的该种货币数量;第二,相对于其他货币,该货币的预期汇率变动,如一年后英镑兑美元汇率的变化。

(二)外汇市场均衡

当所有的货币存款都提供相同的预期收益率时(即经过一定时期价值增值的百分比),才不会存在一种货币存款过度供给而另一种货币存款过度需求的现象,外汇市场处于均衡状态。用相同货币衡量的任意两种货币存款的预期收益率相等的条件,被称为利率平价条件(interest parity condition)。

这里假定两种货币:美元和英镑,则利率平价条件表示为:

$$R_\$ = R_L + \frac{E^e - E}{E} \tag{2-1}$$

式(2-1)中,$R_\$$是美元利率或美元的美元收益率;R_L是英镑的利率;E是英镑相对美元的汇率(每单位英镑多少美元);E^e为英镑相对美元的汇率的预期值;整个 $R_L + \frac{E^e - E}{E}$ 代表英镑的美元收益率。

在图 2-1 中，当汇率 E 在 E^1 时，$R_\$ > R_L + \dfrac{E^e - E}{E}$，即美元的收益率大于英镑的收益率时，人们会卖出英镑，买入美元，E 会下降（英镑贬值、美元升值），即这时外汇市场会平衡。反之，当汇率 E 在 E^2 时，英镑升值，美元贬值。

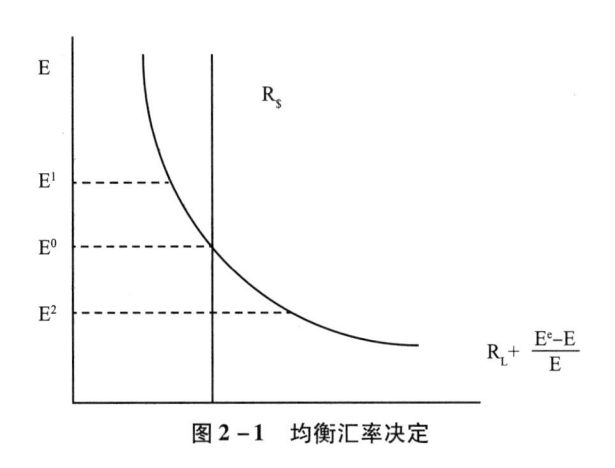

图 2-1　均衡汇率决定

（三）利率、预期与均衡

在图 2-2 中，随着垂直的美元存款收益率曲线向右移动，美元利率从 $R_\$^1$ 上升到 $R_\$^2$，美元存款比英镑存款的预期收益率高，这个差额会使美元升值到 E^2。

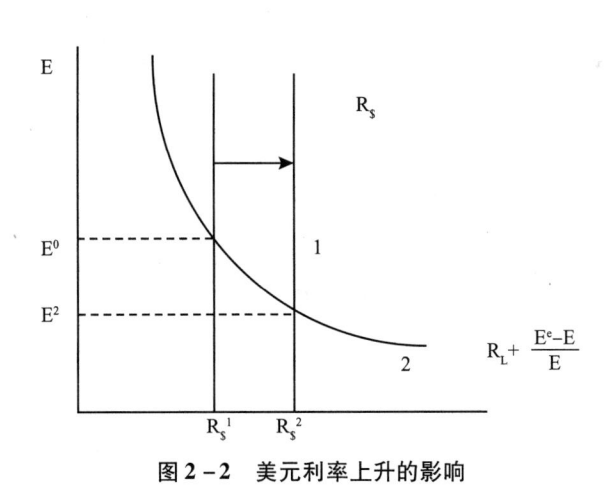

图 2-2　美元利率上升的影响

在图 2-3 中，随着英镑的美元收益率右移，即英镑利率上升或英镑兑美元预期升值，都会使美元贬值到 E^1。

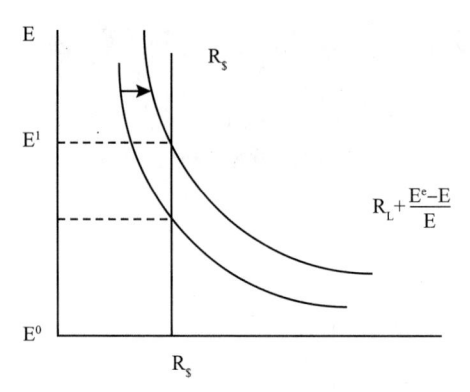

图 2-3　英镑的美元收益率上升的影响

二、货币市场

因为汇率表明的是不同国家货币的相对价格，所以那些影响一国货币供求的因素，也是决定汇率的重要因素。因此，建立一个模型弄清一国的货币供给和货币需求对利率和汇率的影响。

（一）货币供给与需求

本书中定义的货币供给（money supply）是指中央银行控制的货币总量，即 M1（包括家庭和企业持有的现金和支票存款总量）。货币总需求（aggregate money demand）是指经济中所有家庭和企业对货币总的需求，即经济中所有的个人货币需求之和。

决定货币总需求的三个主要因素：一是利率。利率的上升，会使经济中的每个个人减少对货币的需求。二是价格水平。经济中的价格水平（price level）是指以货币度量的"一篮子"典型商品和服务的价格。如果价格水平上升，每个家庭和企业购买同样的商品篮子就必须比原来支出更多的货币。为了保持与价格水平上涨前相同的流动性，人们将不得不持有更多的货币。三是实际国民收入。当实际国民收入（GNP）增加时，经济中有更多的商品和服务被出售。在给定价格水平下，实际交易量的增加会使货币需求随之增加。

（二）均衡利率

如果设 M_s 为货币供给，M_d 为货币的需求量，则货币市场均衡条件为 $M_s = M_d$。而货币需求表示为 $M_d = PL(R, Y)$，其中 P 表示价格水平，L 表示货币的需求函数，R 为利率，Y 为实际 GNP。因此，货币市场均衡条件为 $M_S = PL(R, Y)$。在两边同时除以价格水平，可以得到以实际货币需求来表示的货币市场均衡条件：

$$\frac{M_S}{P} = L(R, Y) \qquad (2-2)$$

假设价格水平 P 和产出 Y 不变，则均衡利率为实际货币总需求与实际货币供给相等时的利率。

在图2-4中，实际货币总需求曲线与实际货币供给曲线在点1相交，从而决定了一个均衡利率R^1。货币供给曲线在$\frac{M_S}{P}$处垂直，是因为当P一定时，M_S是由中央银行确定的。

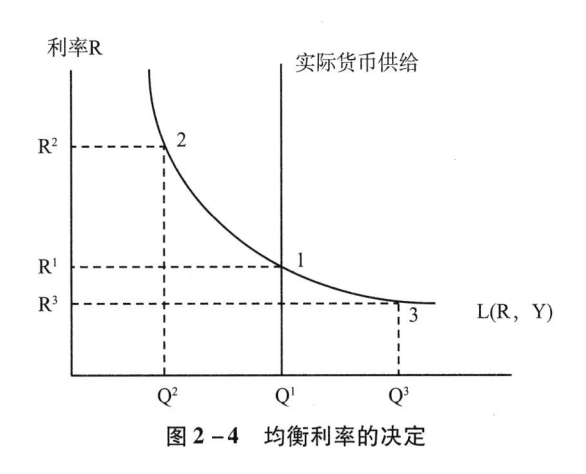

图2-4 均衡利率的决定

在点2处，利率为R^2，货币供给大于实际货币的需求，即人们持有的货币超过他们所愿意持有的货币量，因此，人们就会通过用货币以更低的利息去购买生息资产以减少对流动性的需求，从而使利息降低到R^1水平，货币市场重新达到均衡。反之在点3处，利率从R^3上升到R^1。

（三）均衡利率变动

当价格水平一定时，货币供给增加对利率的影响如图2-5所示。最初，货币市场在点1处达到均衡，此时货币供给为$\frac{M_S^1}{P}$，利率为R^1。由于P保持不变，当货币供给增加时，实际货币供给会由$\frac{M_S^1}{P}$增至$\frac{M_S^2}{P}$，点2为新的均衡点，R^2为新的均衡利率。这一较低的利率会使人们愿意持有这些新增加的实际货币供给。因此，当价格水平和产出一定时，实际货币供给的增加会使利率下降，而实际货币供给的减少则会使利率上升。

当货币供给和价格水平一定时，产出水平增加对利率的影响如图2-6所示。产出Y的增加会使货币总需求曲线向右移动，使均衡从点1处移开。在原来的均衡利率R^1处，现在存在过量的货币需求（$Q^1 < Q^2$）。由于实际货币供给保持不变，利率将会被抬高，直到新的均衡利率水平R^2（点2）处。因此，当价格水平和货币供给一定时，实际产出的增加会使利率上升，而实际产出的减少则会使利率下降。

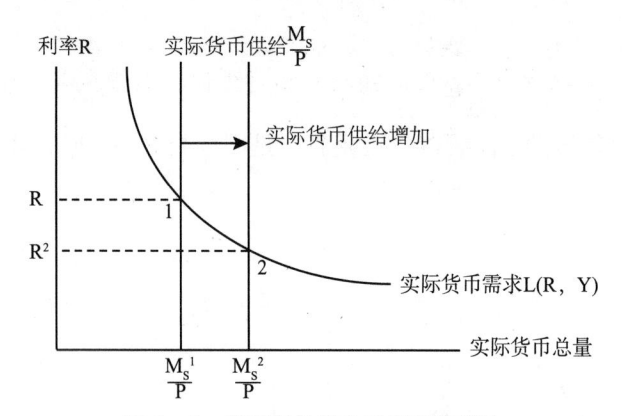

图 2-5 货币供给增加对利率的影响

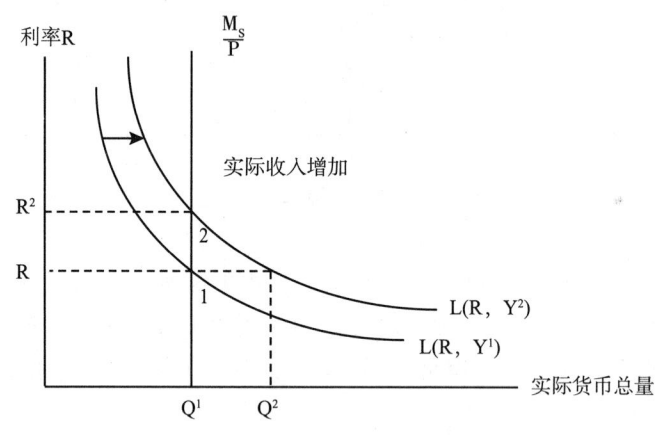

图 2-6 实际产出增加对利率的影响

三、资产市场

短期（short run）分析是在假设价格水平（以及实际产出）不变情况下分析的。对经济现象的长期（long run）分析，则要求价格水平的完全调整（这一调整可能需要花费较长的时间），并要求各生产要素均被充分利用。

（一）短期货币供给和汇率

为了分析短期内货币与汇率的关系，在图 2-7 中，把前面分析过的图 2-1 外汇市场上的均衡和图 2-4（向右旋转 90 度）货币市场上的均衡结合起来。在利率为 R^1 和汇率为 E^1 时，两个资产市场都可以达到均衡状态，货币供给等于货币需求（点 1），利率平价条件得到满足（点 1）。强调了美国货币市场与外汇市场的联系——美国的货币市场决定美元的利率，美元利率则影响维持利率平价的汇率。当然，英镑货币市场和外汇市场也存在类似的联系，是通过英镑利率的变动来实行的。

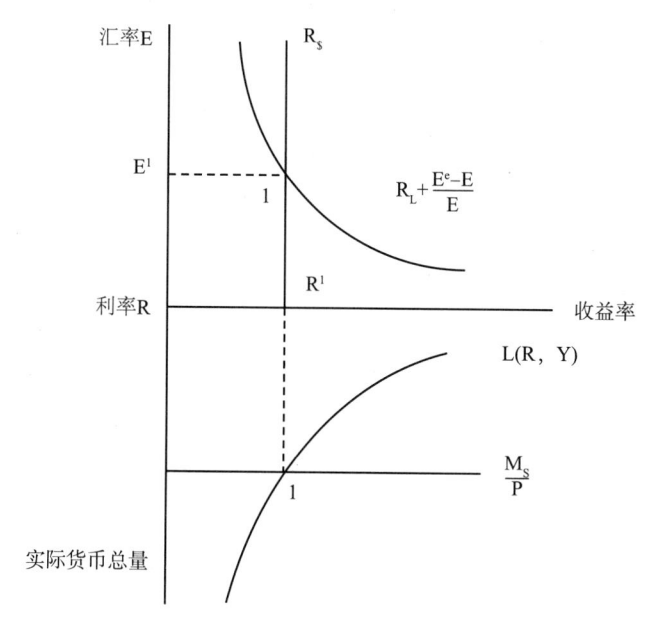

图 2-7　美元货币市场与外汇市场的同时均衡

运用上述资产市场关联模型来研究美国货币供给增加的影响，在图 2-8 中，给定价格 P 和实际收入 Y，当货币供给短期从 M_S^1 增加到 M_S^2 后，美国货币市场在点 2 达到新的均衡，美元利率下降；外汇市场的新均衡点移到点 2，美元相对英镑贬值。因此，一国货币供给的增加会使该国货币在外汇市场上贬值，一国货币供给的减少会使国货币在外汇市场上升值。

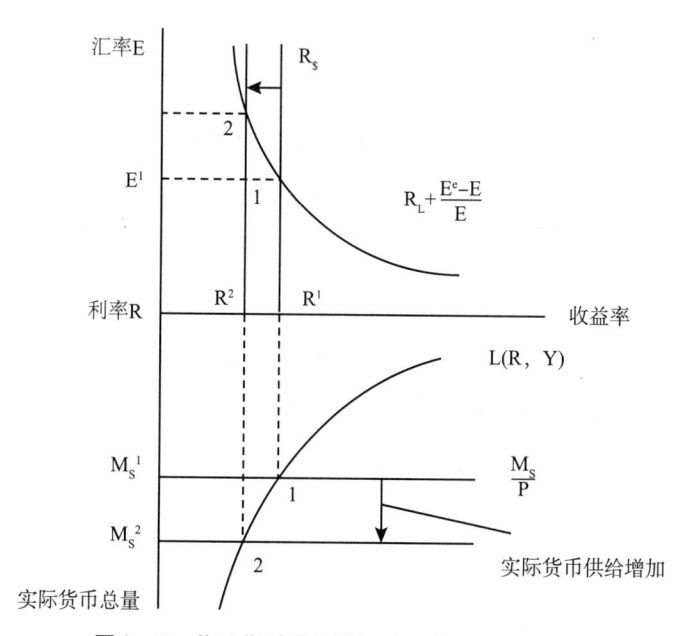

图 2-8　美元货币供给增加对汇率和利率的影响

（二）长期货币供给和汇率

当货币供给永久性增加时，其短期价格不变，而长期价格会充分调整到长期均衡的充分就业的价格水平。这一动态调整过程如图2-9所示，在图2-9（a）中，美元货币供给增加，在价格不变时，实际货币供给增加，利率下降，同时由于货币供给永久性增加使人们产生通胀预期，英镑汇率预期也会上升，因此，短期汇率会上涨到点3；在图2-9（b）中，随着长期价格的充分调整会上涨，实际货币供给会调整到原来水平，进而汇率也会下降到长期均衡水平点4上。

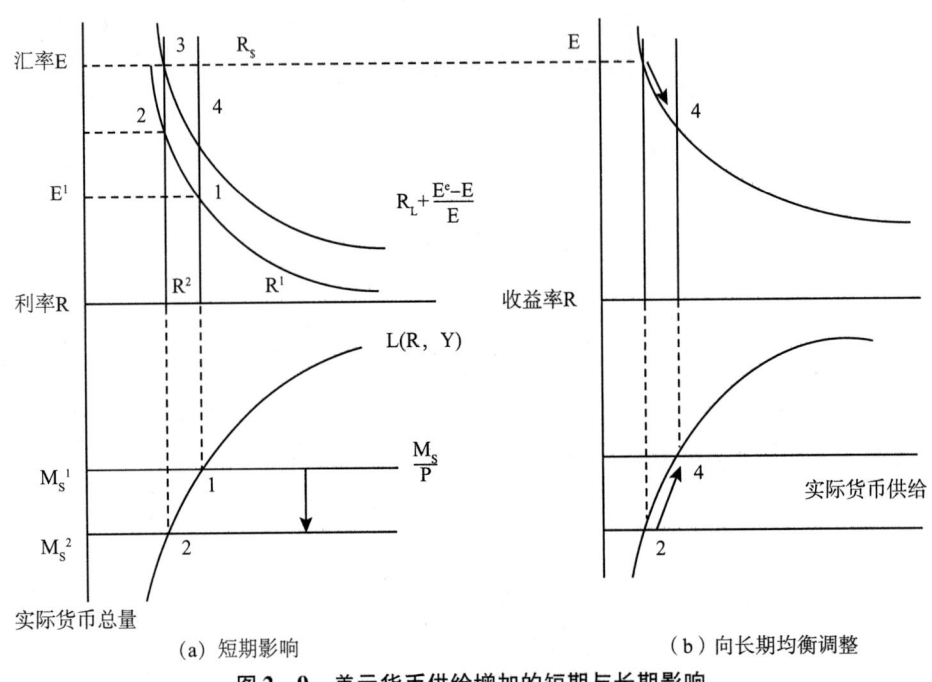

（a）短期影响　　　　　　　　　（b）向长期均衡调整

图2-9　美元货币供给增加的短期与长期影响

四、长期价格水平和汇率

（一）购买力平价

根据一价定律（law of one price）即当贸易是开放的且交易费用为零时，同样的货物无论在何地销售，其价格都必然相同。可表示为 $P_{i\$} = E_{\$}^{L} \times P_{iL}$，式中，$P_{i\$}$代表某件商品i在美国的价格，$P_{iL}$代表这件商品在英国的价格，$E_{\$}^{L}$是两国间的汇率。上个公式只是就一种商品i而言，如果把它扩展开来，不是指一种商品，而是指一个国家的所有商品。那么，汇率和两个国家之间的价格水平的关系就可表示为：

$$E = \frac{P_{\$}}{P_L} \tag{2-3}$$

这就是"购买力平价",即两个国家之间的汇率等于这两个国家货币的购买力之比。如果美国的物价水平 $P_\$$ 上升,美元就会按照与物价上升的相同比例进行贬值;反之,如果美国的物价水平下跌,美元就会按同一比例升值。

式(2-3)称为"绝对购买力平价",对其进行微分可以得出"相对购买力平价"形式——式(2-4),表示两个国家之间汇率的变化率等于这两个国家之间的价格水平变化率之差。

$$dE = dP_\$ - dP_L \tag{2-4}$$

(二)建立在购买力之上的长期汇率模型

从绝对购买力平价理论出发,可以导出一个关于汇率和货币因素在长期中相互影响的理论,由于这一理论基本上不考虑那些不影响货币供求的因素,因此该理论又可称为汇率的货币分析法(monetary approach to the exchange rate)。

假设在长期中外汇市场可以使汇率满足购买力平价条件式(2-3),同时式(2-2)表明国内价格水平是由货币供求关系决定的。因此,可以得出:

$$E = \frac{P_\$}{P_L} = \left[\frac{M_{S\$}}{L(R_\$, Y_\$)}\right] \div \left[\frac{M_{SL}}{L(R_L, Y_L)}\right] \tag{2-5}$$

由式(2-5)可以得出,货币供给、利率和产出的变化对汇率的长期影响。美国货币供给量的增加在长期将导致美元相对英镑的同比例贬值;美元资产的利率上升,美国的实际货币需求下降,美国的长期价格水平上升,美元对英镑将以美元价格上升的相同比例贬值;美国国内产出的增长会使美国的实际货币需求量增加,美国的长期价格水平将会下降,美元会相对英镑升值。反之,英镑情况相同。为理解以上分析和预测,我们必须记住,与其他长期理论一样,汇率的货币分析法也是假定价格水平和汇率都能及时调整。

五、产出与短期汇率

(一)短期产品市场均衡

通过宏观经济学内容得出,短期产品市场均衡是总需求等于产出,可以表示为:

$$Y = C(Y - T) + I + G + CA\left(E\frac{P^*}{P}, Y - T\right) = D\left(E\frac{P^*}{P}, Y - T, I, G\right) \tag{2-6}$$

式(2-6)中,Y 表示总产出,C 表示消费,Y-T 表示可支配收入,I 表示投资,G 表示政府支出,CA 表示经常账户余额,$E\frac{P^*}{P}$ 表示实际汇率(以本币表示的国外价格水平除以本国价格水平)。

根据短期产品市场均衡,可以推导出一条 DD 曲线(DD schedule),该曲线给出了产品市场处于均衡时所有产出和汇率的组合。

在图 2-10 中,假设其他条件不变,当汇率从 E^1 提高到 E^2(本币贬值)时,产出

会从 Y^1 提高到 Y^2，因而 DD 曲线向上倾斜。

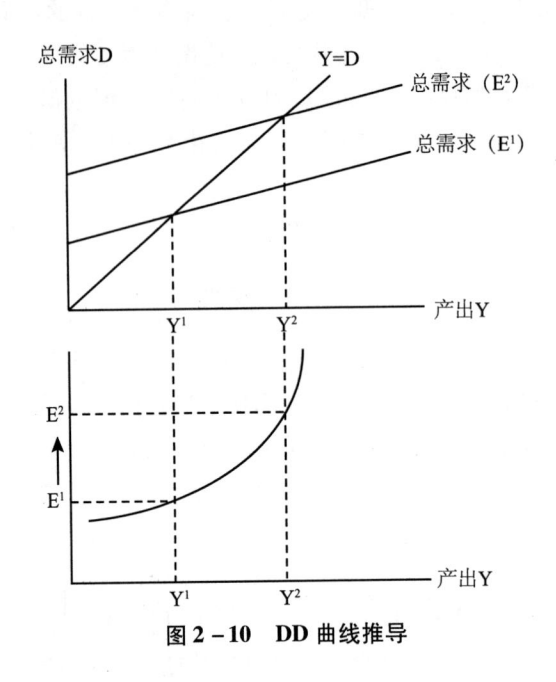

图 2-10 DD 曲线推导

许多因素都会影响到 DD 曲线的位置，比如政府支出 G 增加、税收 T 减少、投资 I 增加、本国价格水平 P 下降、外国价格水平 P^* 上涨、本国商品需求偏好增加或国外商品需求偏好减少等，都会使在原有汇率水平上总需求由 E^1 增加至 E^2，进而使 DD 曲线右移至 DD′（如图 2-11 所示）。反之，DD 曲线左移。

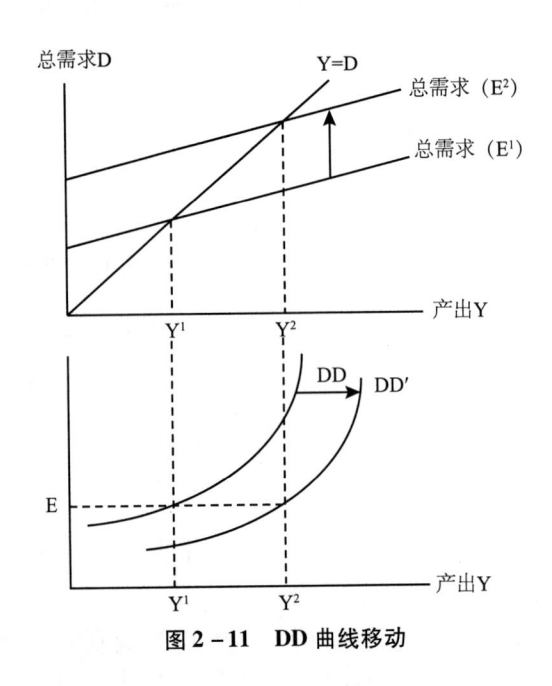

图 2-11 DD 曲线移动

(二) 短期资产市场均衡

总体经济均衡要求资产市场和产品市场同时均衡。在确保产品市场均衡时的汇率和产出水平也同时满足资产市场的均衡条件，即国内货币市场均衡条件 $\left(\dfrac{M_S}{P}=L(R,Y)\right)$ 和外汇市场 $\left(R_\$=R_L+\dfrac{E^e-E}{E}\right)$ 均衡条件下的汇率和产出水平的组合称为 AA 曲线（AA schedule）。

图 2-12 表示，其他条件不变时，为保持资产（外汇和货币）市场均衡，产出的提高必须伴随着货币的升值。进而得出，如果其他条件不变，产出从 Y^1 增加至 Y^2 将引起国内利率的上升和本币从 E^1 到 E^2 的升值，所以资产市场均衡曲线 AA 向下倾斜（如图 2-13 所示）。

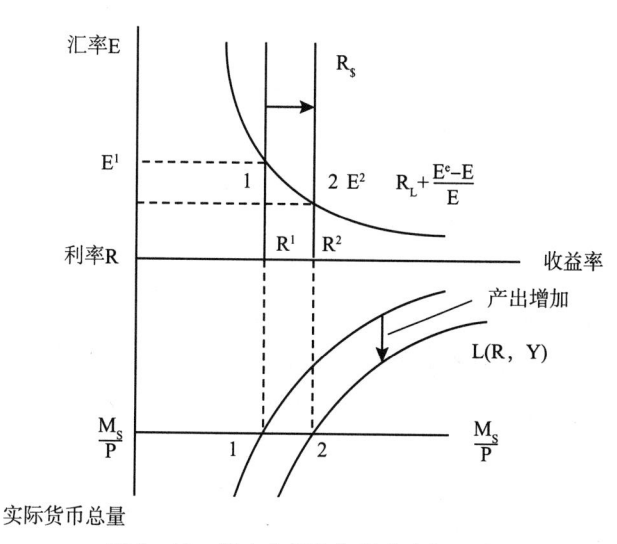

图 2-12 资产市场均衡的产出与汇率

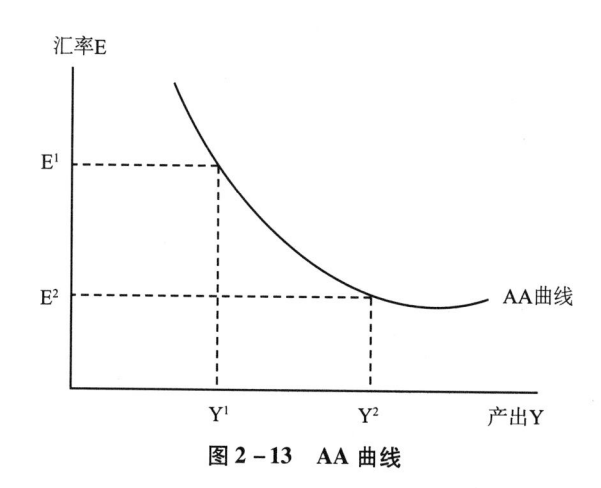

图 2-13 AA 曲线

许多因素都会影响到 AA 曲线的位置，比如国内货币供给量 M 增加、国内物价水平 P 下降、预期未来汇率 E^e 上升、国外利率 R^* 上升和实际货币总需求 L(R，Y) 下降等，都会使在原有产出水平上汇率上升，进而使 AA 曲线上移。反之，AA 曲线下移。

（三）开放经济的短期均衡：DD 曲线和 AA 曲线的结合

如图 2-14 所示，经济在点 1 实现短期均衡，在该点处，资产市场（AA 曲线）与产品市场（DD 曲线）同时达到均衡。

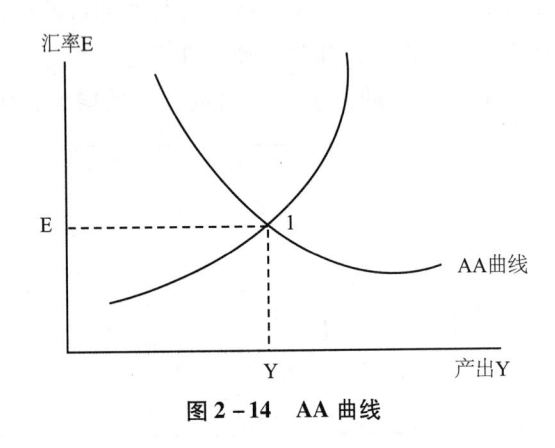

图 2-14　AA 曲线

根据资产市场（AA 曲线）与产品市场（DD 曲线）结合的短期均衡分析法，可以了解国内货币供给量 M、国内物价水平 P、外国价格水平 P^*、预期未来汇率 E^e、国外利率 R^*、实际货币总需求 L(R，Y)、政府支出 G、税收 T 和投资 I 等的变动是如何影响产出与汇率的。

如货币政策扩张的影响如图 2-15 所示，国内货币供给暂时性增加，AA 曲线从 AA1 上移至 AA2，DD 曲线的位置不变，经济均衡点从点 1 推向点 2，本币贬值，生产扩张，从而增加就业。

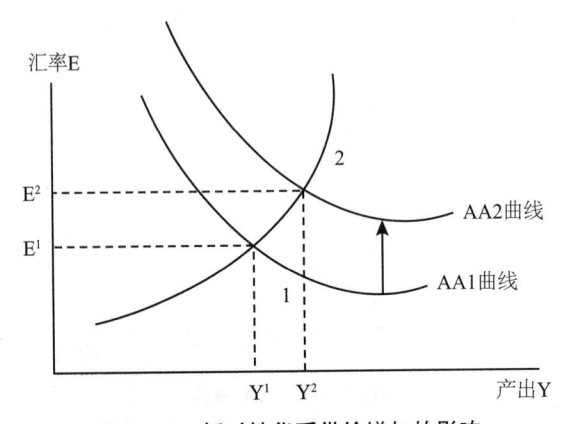

图 2-15　暂时性货币供给增加的影响

如财政政策的影响如图2-16所示，政府支出增加DD曲线从DD1右移至DD2，AA曲线的位置不变，经济均衡点从点1推向点2，本币升值，生产扩张，从而增加就业。

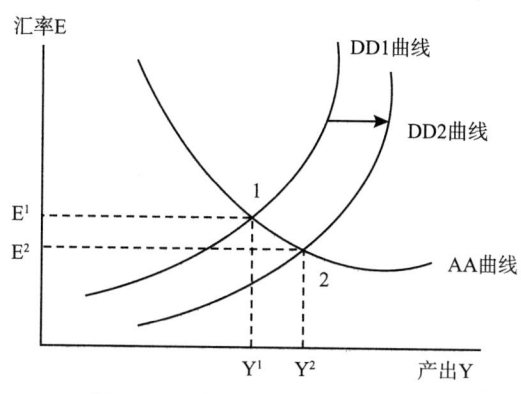

图2-16 暂时性财政政策的影响

第二节 外汇交易基本面分析的经济因素

根据前面汇率决定理论得知，国内外货币供给量M、国内外物价水平P、预期未来汇率E^e、国内外利率R、实际货币总需求L(R, Y)、政府支出G、税收、投资I和消费需求偏好等都会对汇率产生影响。在本节我们结合现实经济情况对经济因素如何影响汇率进行分析。这些因素包括利率水平、利率差、经济增长水平和对美元信心指数等。

在外汇交易中，基本面信息不可能同时到达每个交易员手中，即使信息同时到达，能够分清哪些信息会真正地影响交易对每个交易员而言也是不同的，筛选信息的过程是基于对外汇市场的了解，因此，关注基本面是成为合格交易员的第一步。

一、利率水平和利率预期

（一）利率

利率是影响外汇价格最重要的因素之一。全世界的央行经常会将利率用作控制经济的重要工具。在2008年的经济危机之前，几乎所有的央行都提升了利率，其目的是减缓过快的经济增长和避免过高的通胀率。但在2008年经济危机之后，全球都处于一个利率几乎为0的境地，中央银行失去了控制经济的工具，转向量化宽松，为了刺激消费增加了资金供应。

从2014年开始，世界各国的中央银行开始终止低利率政策。由于世界各国从经济危机中复苏的脚步并不一致，因此利率预期是持续低迷还是上涨，是决定货币价格最重要的基本面因素之一。

加息不仅会放缓经济增长，还会向磁铁一样将资金引入债券和其他附息工具，这被称为"收益欲望"。"套利交易"存在于不同货币之间，受利率差驱动。例如，在日本（日本银行继续进行着量化宽松政策，目标是使通货膨胀率达到2%）和新西兰（2014年底新西兰提升了利率），将会有低成本借贷日元投资于收益率较高的新西兰元的现象。

一直以来，日元作为一种低利率货币，被借用或出售给利息更高的金融投资工具，而这可能会导致市场动荡。在美国资本市场也有日元套利资金投资，因此美元/日元和美元股市高度相关。当存在市场风险厌恶情绪时，股市下跌，导致美元兑日元汇率下跌。美元兑日元汇率下跌时，大量美元流出股市，导致股市下跌。

（二）房地产数据

从基本面来说，全球范围内最重要并且对利率变化相当敏感的经济数据之一就是房地产数据。房产行业相关的数据，主要包括未卖出的房产、房产贷款申请、新房和二手房的销售情况、房产价格等。房地产发展增加了财富，增加了消费者支出，提供了就业机会，因此对利率未来走向的预期产生很大影响。房产市场走强带来消费上涨、经济增长、提高利率增加的预期和国外短期资金流入，进而该国货币汇率可能上涨，反之下跌。

有人认为房产方面的经济数据是滞后的，而交易员需要的是找到同经济行为速度一致甚至是超前的指标。调查数据应该被看作一类情绪指标，被用来预测潜在趋势。获取房产数据的另一个方式是关注与房产相关的股票，这可以在央行加息之前，通过相关房地产股价提前判断加息的可能性。

二、通货膨胀和通货紧缩

通货膨胀和它的对立面通货紧缩，是货币交易的基本力量。中央银行一直很注意控制通货膨胀率，不能过度发展成恶性通货膨胀，也不能发展成通货紧缩，通货紧缩意味着经济增长缓慢。因此，对中央银行来说，货币政策是一个平衡的做法。

在现代经济中通货紧缩基本得到控制，通货膨胀成为主要因素。导致通货膨胀的力量（如货币刺激、低利率）一旦被释放，中央银行很难准确测量和控制通货膨胀，因此当政府公布通货膨胀率时，预期通货膨胀率与实际值之间的差值会使市场发生波动。对外汇交易员来讲，找出各国中央银行的通货膨胀目标值和通货膨胀数据［测量通货膨胀数据主要有消费者物价指数（CPI）和生产者物价指数（PPI）等］，根据两者的关系分析中央银行加息可能性。通货膨胀预期的增加往往会提高市场加息预期，这会使货币走强。这也解释了为什么零售价格的走强会带来债券价格的低迷。债券持有者担心利息上涨，会降低其所持有债券的吸引力。为了使旧债券在新利率下的收益率持平，市场也会降低债券价格。

值得注意的是，2008年的经济危机后日本和欧元区通货紧缩压力加大，在交易美元/日元和欧元/美元时，对通货紧缩的担忧会吸引资金从这些国家流出，进而流入美元，从而使这些货币相对美元走弱。市场倾向于阻止这些货币的升值，但这并不意味着美元/日元或者欧元/美元永远不会上涨，只是走弱的预期会一直持续到通货膨胀率到达2%时。

三、经济增长

经济增长率或者说一个国家的发展水平，主要是通过国内生产总值（GDP）来衡量的，因此国内生产总值的相关新闻是影响交易员对货币价值衡量的重要因素之一。正处于经济增长周期的国家有更多的就业机会，因此消费支出也会随之增加，房屋需求也会增加，通货膨胀率会过高，加息预期增加，货币有升值压力；当GDP放缓或预期放缓时，很多人会失业，国家会衰退，会出现通货紧缩，人们认为利息会下跌，带来货币贬值的压力。

经济增长数据在外汇交易中非常重要，每当某一经济数据公布时间确定下来，货币市场就会出现盘整，如果公布的消息出乎市场预期，市场就会出现大幅上涨或下跌。实际上，交易的最好时间是在新闻发布之后。

交易员可以通过追踪一些信息源来获得全球经济增长和发展的数据，例如经济合作与发展组织（www.oecd.org）、国际货币基金组织（www.imf.org）、七国集团组织（www.f7.utoronto.ca）和世界贸易组织（www.wto.org）。

就业数据是用来衡量经济增长速度的指标。一个处于快速增长期的经济体会带来新的就业机会，失业率也会较低。而增长速度放缓（或出现放缓迹象）的经济体会有不断增多的失业人员的抱怨、就业机会的减少和失业率的上升。薪资增长的相关数据同样很重要。国家经济在增长，但薪资并不一定上涨，那么通过加息控制通货膨胀的可能性将会减少。

每当政府公布就业数据时，外汇市场就会出现波动。外汇市场通过判断数据的乐观程度来预测该国央行是否会提高利率、保持利率不变或降低利率。例如美国非农数据是与就业相关的主要数据，该数据在每个月的第一个周五发布，美国东部标准时间早上8：30之前，市场由于等待数据的发布会出现盘整，主要货币都会受到这一数据的影响。非农数据可以被视为经济复苏的确认指标。一个特定月份的结果并不是决定性的，但是长期趋势变化和与预期比较的结果会对市场产生影响。

原油及其衍生品促进了经济的增长。只要这个世界还依靠碳氢化合物能源，原油价格就是刺激或减缓经济增长的因素之一。经济研究表明，原油价格每上涨10美元/桶，美国实际GDP就会下降大约0.4%[①]。一方面，更高的油价意味着运输成本和经济体中每单位产出成本的增加，增加通货膨胀压力。如果原油价格的快速增长冲破了预期的价

---

① Kevin L. Kliesen, *Rising Natural Gas Prices and Real Economic Activity*, Federal Reserve Board of St. Louis Review (November/December 2006), P. 517, http: //research.stlouisfed.org/publications/review/06/11/NovDec2006 Review.pdf.

格，则产生对于经济增长减缓的恐惧，这种反应超过原油价格上涨本身。另一方面，石油产出国已经积累了大量的财富（石油美元），如果石油生产者开始将这些财富转换成非美元资产，比如欧元或英镑，美元就会走弱。然而，近年来由于页岩油压裂技术[①]的蓬勃发展，美国已经超过沙特阿拉伯成为最大的石油产出国，因此对于石油生产者将财富转换为非美元资产的担忧大幅减少了。

页岩油革命带来了石油供应的大幅度改变，石油价格出现了大幅不可逆转的下跌。2014 年底，西德克萨斯中质石油价格为 60 美元/桶。2015 年初，石油价格持续下跌到 46 美元/桶。石油价格的下跌有两个原因：其一是石油输出国组织决定不再抑制石油的生产；其二是全球增长预期的下跌，货币价值对此的影响不大。而石油价格的下跌对卢布和加拿大元的走弱有很大影响。实际上，石油价格的下跌降低了通货膨胀压力，虽然消费者受益于油价下跌，但可能会加大欧元区的通货紧缩，使得国家的通货膨胀率不能达到 2%。

债券市场的相关信息是了解国家经济预期的重要途径。公众给政府贷款得到债券以换取保证利率，政府用这种带有利息的票据或债券来支付给其贷款的公众，政府和国家承担了未来的风险。短期票据和长期票据之间的利息差是关键参数。在正常情况下，长期贷款利率相比短期贷款利率更高。这很正常，因为一个较长周期的票据相比 3 个月的支付保证具有更多的不确定性。在一般情况下，收益曲线表现的是利息与周期之间的关系（尤其是 10 年期国库债券和 3 月期国库债券的利息差），是一种重要的预测工具。在经济学上，利息和周期之间呈现的是一个折现函数，这可以用来比较未来和现在的经济活动。

收益率曲线主要呈现三种趋势：上升、下降和平缓。上升趋势的收益曲线表明长期债券相比短期债券收益率更高，因为时间具有风险性。下降趋势的收益曲线表明短期债券相比长期债券收益率更高，这可能预示着经济衰退即将到来。趋势平缓的收益曲线表明短期债券和长期债券的收益率非常接近，这表明国家经济可能会转型。收益率曲线的斜率也很重要：斜率越大，表明短期和长期债券的利息差越大[②]。

四、商品市场之间的关系

大宗商品是全球发展的关键能源，它们影响了全球的通货膨胀，进而影响了货币价值及其波动。

黄金价格波动对于外汇交易员来说是需要了解的重点。黄金在很多方面如同货币的替代品。在发生地理政治危机时或货币贬值时，货币从美元流出，黄金可以作为避风港。因此，通常情况下美元价格和黄金价格会有交替的关系，即美元上涨，黄金下跌，

[①] 页岩油是指以页岩为主的页岩层系中所含的石油资源。从页岩油制取轻质油品，是目前人造石油制取合格液体燃料的方法中成本最低的一种。

[②] Yield Curve, Imvestopedia (2015), http://www.investopedia.com/terms/y/yieldcurve.asp.

反之则相反。

央行在黄金里扮演了重要的角色，他们出于保值和储备多样化的目的，将大量的黄金作为储备。通常情况下，中央银行的目的是寻求资金稳定，减少黄金的波动，但有时中央银行增加黄金储备而减少美元或其他货币储备会对市场产生影响。

铜是全球商品市场中同经济增长联系最紧密的一个品种之一，这是因为其在全球建筑基础设施和通讯业的广泛应用。随着世界经济的发展，铜的需求还在不断上涨。全球最大的产铜国是智利，然而，智利货币比索并不采用浮动汇率制；澳大利亚是第二大产铜国，由于该国货币是自由流通的，一般情况下，澳大利亚元/美元和铜的走势一致。

■ 五、商业信心和消费者信心

商业和消费者信心指数对外汇市场和其他市场具有很大的影响力。商业和消费者信心的上涨会带来潜在的通胀风险，但商业和消费者信心的下跌也是经济放缓的信号。这些数据是根据许多国家定期进行大量的专业性调查得出的（如各国专业机构公布的消费者信心指数和经济景气指数等），其公布会使市场发生波动，尤其是数据结果出乎预期时。

除了数据公布会使市场发生波动，信心指数在外汇交易中还是趋势类指标。如果商业信心指数达到多年新高，市场会认为这是对该国币种的利好消息，因为这预示着经济的增长。经济增长的预期同时会伴随着利率不降反升的期望。信心指数并不能精准地预测货币价格波动，它们只是货币基本面最重要因素之一。

第三节　货币的基本特征

货币的价值反映了世界对于一个经济体当前或未来情势的预期，需要从特定货币本身出发，分析它的基本面特征。在外汇交易市场，我们交易的总是货币对，但仅仅通过将一种货币与另一种货币（通常是美元）相比来判断这种货币的强弱，那么得出的结论可能不符合此货币在全球货币市场的强弱情况。为了不用单独通过与其他货币的比较去分析某一货币，经济学家和外汇交易员们采用了贸易加权指数（trade weighted index，TWI）。贸易加权指数是通过几何加权平均值计算得出的，它代表着指数货币的主要交易关系，反映该货币在全球市场的位置。下面介绍主要货币的基础特征。

■ 一、美元的特性和市场表现

美国目前仍然是世界上最大的经济体，2018 年 GDP 达到 20 万亿美元。[①] 美元仍然

---

① http://www.worldbank.org.

是全球贸易主要交易货币和储备货币（全球央行外汇储备中美元占60%）。我们正处于一个全球经济增长的时代，亚洲区域的增长尤为突出，这种增长也意味着在接下来的几年里，美国的绝对优势地位会逐步减弱。不过只要美国还处于世界经济的核心位置，外汇交易员还是得密切关注与美国经济相关的事件，判断出美元的趋势是上涨还是下跌。

美元指数可以作为判断美元情绪的一个衡量指标，能够分析美元的走势，它是一个权重指数，不是以贸易权重进行计算的，因此不能够通过全球贸易情况来反映美元的强弱情况。美元指数的"一篮子"货币权重为：欧元占0.576、日元占0.136、英镑占0.119、加拿大元占0.091、瑞典克朗占0.042和瑞士法郎占0.036。

除了美元指数是检测市场对美元情绪的好工具外，还有许多途径能够衡量美元的价值，比如美国外债。2018年美国对外债务总规模近20万亿美元，这是对美元情绪造成影响的一个基本因素。在对美元外汇价值的前景不确定和持有大量美国债券的国家需要现金的时候，海外投资者不再愿意购买美国债券，将会使利率上涨并动摇美国经济的稳定形势，会给市场带来恐惧。当美元外汇价值上涨时，美国债券购买者持续增加，这为美元的急速下跌提供了有力的支撑。

从长远来看，确实有证据显示国外美元债券持有人有将美元分散换为其他资金的趋势，并且随着其他国家经济的发展，人们将美元储备转换为国内资产的动力加大。由于害怕承担风险，这一传言也会让持有美元的投资者将其卖出，这会使得美元失去支撑从而走弱。

二、欧元

欧元是全世界最复杂的一种货币，它受到世界经济的影响。欧元区包括奥地利、比利时、塞浦路斯、爱沙尼亚、芬兰、法国、德国、希腊、爱尔兰、意大利、拉脱维亚、卢森堡、马耳他、荷兰、葡萄牙、立陶宛、斯洛伐克、斯洛文尼亚和西班牙。这些国家使欧元区的经济成为世界贸易中强大的一部分。

这种复杂性为货币波动带来了更多不确定性。要稳定货币就需要管理好欧元区的不同经济体，这使得欧洲央行比世界上其他所有央行都面临更大的挑战，欧洲央行的政策需要在各成员国成功施行，才算顺利完成任务。但这并不容易，由于每个国家都有各自不同的政策和通货膨胀率，有时候仅仅一个国家经济的不景气就会破坏欧洲央行制定的平均通胀率目标。

欧元的特性取决于欧元区的贸易伙伴，我们能从贸易加权指数中看出与欧元区有贸易关系的国家，其中美元权重最大，其次是英镑和日元。由于欧元区的贸易伙伴遍布全球的各个角落，所以欧元不会对美国的经济非常敏感。在欧元交易中，欧元/美元是经常被交易的品种，其次是欧元/英镑和欧元/日元。

交易欧元/美元需要密切关注欧洲的通货膨胀率，因为通货紧缩的恐惧会带来欧洲中央银行采用量化宽松的政策使欧元走弱的预期。未来几年最大的挑战就是欧元区面临的通货紧缩，外汇交易员需密切关注欧洲中央银行关于欧元区通货紧缩的声明。如果通货膨胀率保持目前的低水平，那么欧元/美元面临的主要情绪是看跌的。

三、日元

日本从1987～1991年的经济泡沫破裂后，进入了所谓的"失去的10年"，即1992～2018年，这期间年均国内生产总值增长率为0.91%。[1] 日本经济的停滞有多方面的影响因素，其主要因素来源于日本消费者。日本研究表明，过度消费使得家庭可支配收入下降，家庭财富聚集减少，加上对未来的不确定性，使民众最终丧失对经济发展的信心[2]。这时，通过传统的货币政策，比如降息，来刺激经济增长并不会起到什么作用。另外当市场处于通货紧缩状态时，价格下跌并不会过多刺激消费者消费，因为他们会等待更低价格的出现。

日本经济是否会恢复高增长或不确定增长，甚至再一次的停滞，这主要取决于日本银行和其采用的货币政策，如果通货膨胀率达到2%，日本就会出现复苏。由于日本银行的激进宽松政策，也称为量化宽松，日元相对于美元大幅度走弱，并且很有可能持续走弱。

日本的出口数据同样十分重要，刺激出口成为决定日本经济增长的关键因素。日元的大幅走强，特别是对美元或欧元的升值均会对出口增长造成负面影响；而日元的大幅疲软则有助于出口。出口水平已经成为一个影响日元汇率的重要因素。

除此之外，日本经济还面临着人口老龄化和劳动力短缺的问题，所有的这些因素都使得日元交易比其他货币交易存在很多不确定性。

最后，日元最重要的基本面特征是其波动可以用来测量市场的风险偏好和风险规避。当全球市场处于恐惧情绪中时，美元和其他资产被卖出，日元被买进，日元走强，美元/日元下跌；当全球市场情绪是风险偏好时，日元被卖出，资金流入股市，美元/日元上涨。

四、英镑

英国GDP在2018年达到2.8万亿美元，在全球经济中相当活跃，一半盈利都来自海外经营收入。从英国银行的统计摘要中可以看到英国主要贸易对象的加权指数[3]，其中美国占17.5%、德国占12.0%、中国占8.9%、法国占6.9%和日本占3.7%。在英镑的交易中，需要把欧元/英镑和美元/英镑列为最主要的交易对象，而英镑的基本特性

---

[1] https://data.worldbank.org.cn/indicator/NY.GDP.MKTP.CD.
[2] Charles Horioka, The Causes of Japan's *Lost Decade*: *The Role* of Household Consumption, Japan and the World Economy, 18, (2006).
[3] Bank of England, http://www.bank of england.co.uk/statistics/Documents/iadb/notesi-adb/eri2014.pdf.

是其同欧洲经济的关联比同美国经济的关联要大。

2015年之后，交易员需要关注英国银行关于利率的决定，英国和美国一样，已经结束了其量化宽松政策，当数据显示通货膨胀时可能会导致加息，此时可以被理解为应做空英镑。除了利率和国内生产总值，英国还面临移民增加带来的经济挑战。移民的激增会在很多方面影响通货膨胀率和就业率，关注英镑的交易员不能忽视了这些基本面因素。

五、瑞士法郎

瑞士法郎在浮动汇率制下的货币中处于一个很微妙的地位，由于它同黄金之间可以自由兑换，在相当长的时间内被视为避风港货币。然而这种可兑换性在2000年就结束了。2011年9月15日，瑞士央行将瑞士法郎与欧元关联到一起，希望欧元/瑞士法郎达到1.20，瑞士法郎就惊人地贬值了9%[1]，这一关联的目的就是防止瑞士法郎增值。当时，瑞士法郎作为避风港货币有着大量的资金流入，与欧元关联是为了刺激出口和旅游业的发展，瑞士经济70%依赖于出口，而货币的走强会影响到出口。

2015年1月，欧元/瑞士法郎未能保持在1.20。于是瑞士中央银行在2015年1月突然结束了和欧元的关联，这一举措震惊了世界。几分钟之内，瑞士法郎增值了近30%，近4000多点，这一波动给很多未做对冲的外汇公司造成了混乱。而现在欧元/瑞士法郎可以作为自由浮动的货币进行交易了。

六、加拿大元

在经历了大规模经济增长后，2018年加拿大国内生产总值超过了1.7万亿美元。[2]加拿大元的基本特征会反映出其姐妹货币——美元的情况，美国是加拿大的主要贸易伙伴，加拿大银行发布的加拿大元有效汇率指数中美元占了76%的权重。因此美国经济减缓时，加拿大经济也会受到很大影响。

原油价格也是影响加拿大元重要因素。由于沥青砂吸引了大量的资本，且加拿大是石油的净输出国，因此当原油价格上涨时，加拿大元便会走强。在原油价格和加拿大元/美元的走势中，有94%的高度相关性。

七、澳大利亚元

澳大利亚元，即"澳元"，从1983年开始采取浮动汇率制，货币价值由市场决定，央行也不需要通过买卖美元来保持货币价值。通过分析澳元的贸易加权指数，我们可以

---

[1] https：//cn.investing.com/currencies/chf-eur-converter#historical_data_converter.

[2] https：//data.worldbank.org.cn/indicator/NY.GDP.MKTP.CD.

知道澳元价格受到世界各地经济增长的影响，且其贸易关系平均分布在亚洲、欧洲和北美。澳大利亚是全球贸易型的国家，这吸引了越来越多的人交易澳元。2018 年，澳大利亚国内生产总值达 1.4 万亿美元。[①]

近十多年来，澳元变得对中国经济越来越敏感，而受欧元区的影响在减少。日本经济也为增加澳元需求贡献了重要力量。当然，澳大利亚仍然受到美国经济的影响，甚至是其邻国新西兰，也会影响到澳元价值，因为新澳贸易额占澳大利亚总贸易额的 11%。

由于澳大利亚是一个资源型的经济体，关注其商品市场的走势非常重要，如铜、黄金、铁矿石以及其他大宗商品。澳大利亚是这些大宗商品的主要开采国，并且受到其价格波动的影响。澳元是一种依赖于商品交易的货币，受全球经济增长的影响，同时其价格波动也反映了市场是熊市还是牛市。

中国是澳元最主要的基本面力量，现在是澳大利亚第二大出口国，这使得澳元对中国经济的走向前所未有的敏感。澳元具有多种基本面特征，它可以被看作一种亚洲货币，反映亚洲经济的增长，同时也可以看作是一种受美国和欧洲影响的货币。在澳元的货币对中，重点关注澳元/日元、澳元/欧元以及传统的澳元/美元货币对。

第四节　制订基本面分析方案

如今的外汇交易员非常幸运，能够通过互联网来获取前所未有的信息和数据，他们面前有着囊括数以亿计词汇的"词汇包"，这是非常好的工具，能够帮助交易员了解全球经济形势。从互联网中快速摘录有效信息的方法就是登录搜索引擎（如百度和谷歌等），点击"新闻"，输入关键词（美元、欧元和日元等）。这样做的目的是让你在看行情图的同时，运用最新的信息进行分析，从而明白推动价格波动的原因。

一、恐惧情绪列表

了解市场情绪需要结合技术面和基本面进行分析，价格波动反映了市场价格预期和市场信心。当价格根据市场预期做出反应时，价格就乘上了市场情绪的浪潮，因此货币价格尤为反映市场情绪。

关于市场情绪，我们首先要稍微调整一下对于情绪的看法。有许多词语描述市场情绪及其类别和本质，但情绪是很难被量化或描述的，不过我们都能理解许多描述市场情绪的典型词语。市场情绪的描述具有很大的模糊性，这很大程度是由语言带来的。如"美元走强"，这一描述就很难反映美元的强度；市场"风险偏好"或"风险规避"，这只反映了市场的总体情绪。

---

① https：//data.worldbank.org.cn/indicator/NY.GDP.MKTP.CD.

市场主要情绪有犹豫、躁动、贪婪、狂躁、狂喜、惊讶、合乎预期、厌倦、漠不关心、焦虑、不确定、果断、热情、疲倦、混乱、失望、恐惧、接受和妥协等。有效评估交易情绪的方法是创建"恐惧情绪列表"，下面我们来探讨一下。

打开搜索引擎（如百度或谷歌），输入包含多类信息的组合词汇，而不是"欧元"这样的单一词条，如"德拉吉、恐慌"（Draghi fears）包含了欧洲中央银行行长名字和一种情绪，这类词条能够迅速扫描市场情绪。如输入"德拉吉、恐慌"时，出现了366000个搜索词条和一些重大标题，说明恐惧情绪上涨，欧洲央行准备将现金注入欧元区，欧元区通货紧缩使欧洲央行备受压力。

市场情绪搜索词条有风险偏好、风险规避、通缩担忧、通胀担忧、萧条担忧、工资通胀担忧、国内生产总值担忧、股权恐惧、美元走强、债券市场担忧、债券市场希望、经济衰退担忧、市场恐慌、"避险天堂"市场、消费者信心和市场泡沫等。

二、市场情绪分析视角

从市场情绪的角度来看，货币的相对价值主要受到两国利息、通货膨胀以及经济增长的影响。基本面因素和外汇价格波动并没有直接的关系，它们之间模糊的关系更像一个化学反应。基本面是决定货币走强或者走弱的重要因素，通过对货币进行基本面分析，交易员可以明白货币波动的根本原因。若想进行基本面分析，交易员需要制定自己的外汇基本面清单和交易计划。

情绪清单是通过扫描市场情绪抓住货币情绪和市场方向，可以帮助交易员精准地回答下列问题：市场的主要担忧是什么？在这种担忧的情况下，应该交易哪个货币对？下一笔交易的方向是什么？这样我们能确定哪种货币相对其他货币走强，哪个市场正在受到关注。

外汇基本面清单和交易计划的内容包括：扫描并列出当前全球国内生产总值、利率、通货膨胀水平，并分成上涨、盘整、下跌三类；扫描大宗商品，如石油、黄金和铜等的价格形态；扫描美元指数，看它是上涨、盘整或下跌；选择货币对；决定下一笔交易的方向，如果没有特别偏好的方向，这意味着可以选择进行任一方向的交易；查看财经日历公布的数据。

第三章　外汇交易的技术分析

本章主要介绍外汇交易的技术分析基础、支撑位和阻力位、趋势线和趋势轨道、支点、技术指标和形态等方法。通过本章介绍可以掌握外汇行情分析的技术分析方法，结合基本面分析方法能够相对全面地分析外汇行情走势，进一步加大外汇交易的获利可能。

第一节　外汇交易的技术分析基础

一、技术分析目的

技术分析一般被定义为对价格行为的系统性研究，价格行为最终受大量市场行为的影响。基本面分析可能会关注价格变动的许多原因，而技术分析却是专门关注价格如何变动，以及可能影响未来价格变动的方式。技术分析是由一系列方法组成的，通过这些方法，交易员能够做出所有对他们而言最重要的交易决策，包括进场指令单、退场指令单和止损指令单的设置，确定交易规模，进行风险管理等。

"我应该在什么时间、什么位置进场？"是存在于每个投资者脑海中的问题。技术分析正是为投资者解决这个问题的工具，然而答案并不是唯一的。我们无法完全依靠任何一种技术指标来实现盈利，因为这个市场太复杂了。迄今为止，还没有人建立出一套针对任何市场都稳定可靠的技术交易系统，更不要说是对外汇市场了。这是因为技术指标不能够捕捉到所有影响价格波动的变量。

这就是所谓的"不可化约的复杂性"[①]。市场存在着许多变量，市场模型也不完善。金融数学家，被称为定量分析师，投入了几百万美元的资金去测试，试图寻找一种能提高对市场预测能力的算法。他们尝试过所有能想到的方法，包括傅立叶分析、小波分析、神经网络算法，希望能够增加预测的准确度，哪怕是很微小的提升，然而没有一种

---

① 不可化约的复杂性是一种主张，认为生物系统太复杂，以至于无法由较为简单或较不复杂的祖先演化而成，并且无法经由自然发生的突变机会产生。一个系统若是有不可化约的复杂性，是指它包含了一套相互配合良好的却又无法任意单独存在的部件。

算法能够替代一个经验丰富的交易员。因为，技术分析只能够对市场上已成为过去的变化进行分析，在精确度上有局限性和滞后性。相反，聪明的交易员能够综合利用各种分析方法对同一形态进行分析，从而发掘市场情绪。善于分析的交易员总能够看到图表之外的隐藏信息。

这并不是说技术面分析完全没有价值。正确地运用技术手段分析行情走势，也能够提高交易质量。这种分析方法不是对行情的发展进行预测，而是通过技术分析图表，分析出价格的走势及其原因。技术分析能够剔除价格波动的杂音，这样进行交易就会有更大的盈利把握。外汇交易员面临的最大挑战是如何从这些技术分析图表中得到市场信息以制定交易策略。

无论运用哪种技术分析方法，外汇交易员都需要向自己提出并回答这样一个问题：我的下一笔交易在哪里？为了回答这个问题，交易员们会筛选出有用信息并加以分析。在外汇市场中信息流量是非常大的，我们甚至称其为信息超载。投资者们面临数不清的头条新闻、外汇公司为增强其竞争力而做的市场形势最新"分析"和各种博客评论。我们面临的挑战就是筛选有用信息进行下一笔交易。

成为一个外汇交易员并不是一夜之间的事，而是一个循序渐进的过程。在初期，他们也许都不知道需要了解些什么，每笔交易都没有经过计划。这是一个尝试错误、积累经验的阶段，开始交易时不能很好地运用相关知识，偶尔能够盈利却不能保持盈利状态。在这个阶段，可能出现的快速且巨大的损失通常会让交易员在第一个月便被扫出市场。

当交易进入第二个阶段时，外汇交易员开始了解技术分析指标，并且开始滥用指标，交易结果也不甚理想。这一阶段被称作"频繁交易"，交易员们强烈的意愿促使他们不断地下单交易。

进入最后一个阶段的标志是交易员能够很好地运用手中的工具，并且具有很好的市场感觉。这是交易员能够把学识和经验结合到一起的阶段。世界上最成功的交易员40%的交易是亏损的，但总的来说仍然盈利了。

那么如何提高一个人的外汇交易能力呢？虽然不是每个人都能成为交易大师，但是每个人都可以提高他们的交易能力，这种能力是指应用外汇交易知识以达到稳定盈利。而使用技术分析的目的在于帮助交易员在能够承担风险的范围内获取最大利润。一个成熟的交易员，首先需要了解推动价格波动的原因，接下来是分析其对市场的影响。

二、技术分析常用价格标示法

（一）图表

技术分析师在分析和解释价格行为时所使用的最主要的工具箱是多功能外汇图。这些工具箱有很多种类型，包括线图（line chart）、柱形图（bar chart）、蜡烛图（candlesticks chart）和点数图（point & figure chart）等。

1. 线图

线图就是将相邻收盘价格连起来形成的价格图。当把所有收盘价格连起来之后，我们可以看出货币对在一个时期内的价格走势（如图3-1所示）。

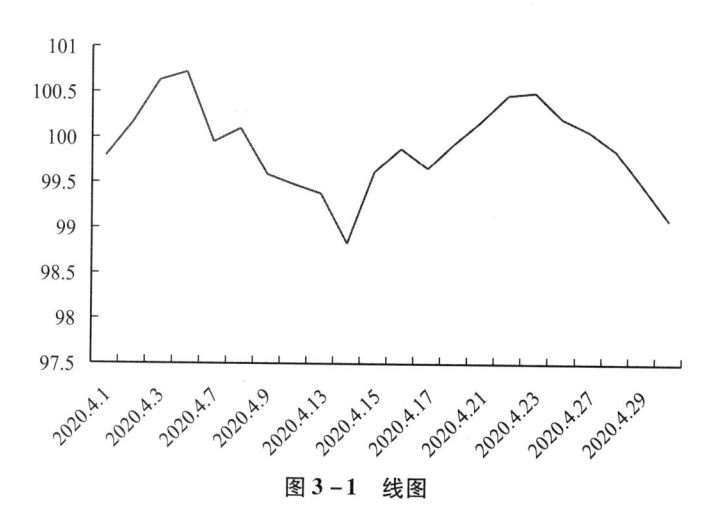

图3-1 线图

2. 柱形图

一幅柱形图同时显示开盘价格，收盘价格和最高、最低价格。柱形的顶端是该交易时段产生的最高价格，底端则是该交易时段产生的最低价格。所以整个柱形就是货币对在此时段中的交易区间，柱形左边的小横线是该时段的开盘价格，而右边的小横线则是该时段的收盘价格，如图3-2所示。

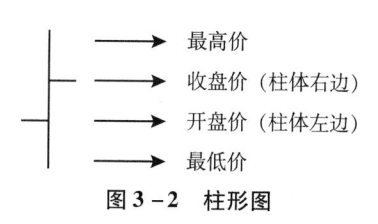

图3-2 柱形图

3. 蜡烛图

蜡烛图所包含的价格信息与柱形图一样，但是就图形形式而言存在很大的差别。柱形图通过一根垂直的线体表明了时段内的最高点和最低点。而在蜡烛图中，垂直线体中间比较宽大的部分被称为"实体"（real body）是开盘价和收盘价之间的价格范围；水平线上面和下面的部分称为"阴影"（shadow）或"灯芯"（wick）是最高价格和最低价格。一般来讲，如果收盘价格低于开盘价格，则此宽大部分将被添上颜色，填充的颜色是黑色，称为阴烛，如图3-3（a）所示，与此相对的被称为阳烛，那么实体部分将是白色，也就是收盘价高于开盘价的蜡烛线，如图3-3（b）所示。国内的阳线是红色，阴线是绿色，而在国外则是相反的。

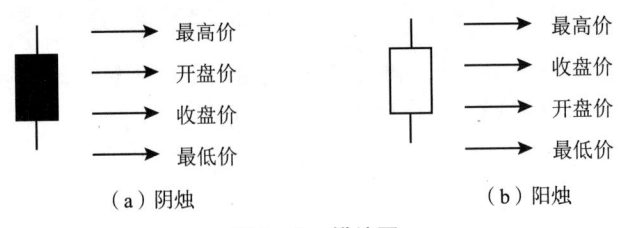

```
       →  最高价                    →  最高价
       →  开盘价                    →  收盘价
       →  收盘价                    →  开盘价
       →  最低价                    →  最低价

        （a）阴烛                    （b）阳烛
```

图 3-3　蜡烛图

4. 点数图

O×图又称为点数图（point and figure chart），是用圈"O"和叉"×"来表示价格升跌的一种图表。与 K 线图、量价图等图表截然不同，O×图注重价格在一定价位上的表现，而不记录价格随时间的变化过程，也不考虑成交量的情况。

O×图的作图规则是由"格值"确定的。每当价格的上升达到格值幅度时，就用一个"×"表示；当下降达到格值幅度时，就用一个"O"表示。制作 O×图时，必须利用方格纸。当价格运动结束一个方向，朝相反的方向变化时，则另起一列，如图 3-4所示。

价格			×				
60	×		×	O			×
59	×	O	×	O	×		×
58	×	O	×	O	×	O	×
57	×	O	×	O		O	×
56	×	O				O	
55	×					O	
54	×						

图 3-4　点数图

（二）时间周期

尽管柱形图和蜡烛图的结构相对直观，但如果图中没有关键的时间因素，那么从分析的角度来说，这些柱体的形状意义并不大。在柱形图和蜡烛图上，垂直的 y 轴表示一种货币对另一价格，而水平的 x 轴从左到右表示时间的变化，如图 3-5 所示。

点数图显然是一种数轴结构的一个例外情况，因为它不包含时间成分。许多绘图软件都可以让交易员为柱形图和蜡烛图选择各种各样的时间周期。由于多种原因，这种选择非常重要，其中最重要的原因是，它规定了在每一个柱形图和蜡烛图中包含了多长时间。比如，在一个日图中，每一个柱体的持续时间正好是 1 天（或 24 小时）而一个 5 分钟蜡烛图的持续时间正好是 5 分钟。在任何时候，交易员都要知道他们所观察的时间周期是多长，这一点非常关键，因为进行长期、中期和短期交易的策略是不同的。

图 3-5 用 XY 轴标示时间和价格

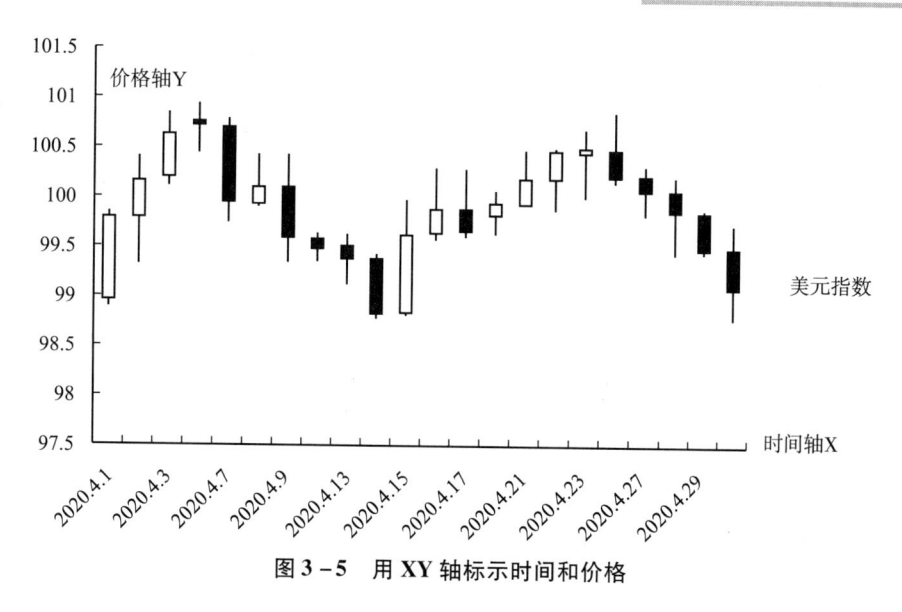

另一个让时间周期变得如此重要的原因是，它决定了实际操作中一次应该观察多少价格行为。期限长的图表，比如日、周和月时间周期中可以包含能够回溯到几年或几十年前的价格行为，而一个 1 分钟或 5 分钟的图表却很难显示超过一定天数的价格行为。

时间周期如此重要的第三个原因在于技术分析本身的特性。事实上，图表形态一般都是不规则的，这意味着在所有的图表时间周期中都可以找到这些形态。但是从实际交易的角度来讲，期限更长（比如 1 天或者更长时间）的图表上的趋势和形态通常比期限更短的图表（比如 1 日内的小时图和分钟图）上的趋势和形态更加可靠，这是因为在期限更短的图表中更加普遍地存在着大量无方向的波动或干扰，它们通常会给技术分析造成难以克服的困难。因此，在选择图表时间周期时要非常小心。当然，许多交易员选择同时观察和分析多个时间周期，以判断趋势的可靠性和（或）冲突性。

被外汇交易员所广泛使用的时间周期包括（按持续时间的升序排列）：1 分钟、5 分钟、10 分钟、15 分钟、30 分钟、1 小时、2 小时、3 小时、4 小时、12 小时、1 天、1 周和 1 个月。

第二节 外汇交易技术分析的支撑位和阻力位

一、支撑位和阻力位的概念

在我们建立了基本的图形结构以后，就可以开始讨论技术分析最基本的部分和核心部分支撑和阻力这一对概念。

货币对在什么点位，它的走势是怎样的？这看起来是一个非常基础的问题，其中却蕴含着不同层次的分析。了解货币对的价格点位是进行技术面分析的基础，这可以帮助交易员制定交易策略。

但我们怎么知道应该关注什么点位呢？支撑线和阻力线是技术面分析的基础。在分析某一货币对的时候，首先需要做的是问问自己支撑位和阻力位分别在哪里。

支撑位是指价格下跌受到支撑的位置，而阻力位是指价格上涨受到压制的位置。确定支撑位和阻力位的方法很直接，图3-6中划出了几条支撑线和阻力线，形成顶和谷的外部支撑阻力线构成了价格活动的范围，而那些处在里面的线是次级支撑位和阻力位。

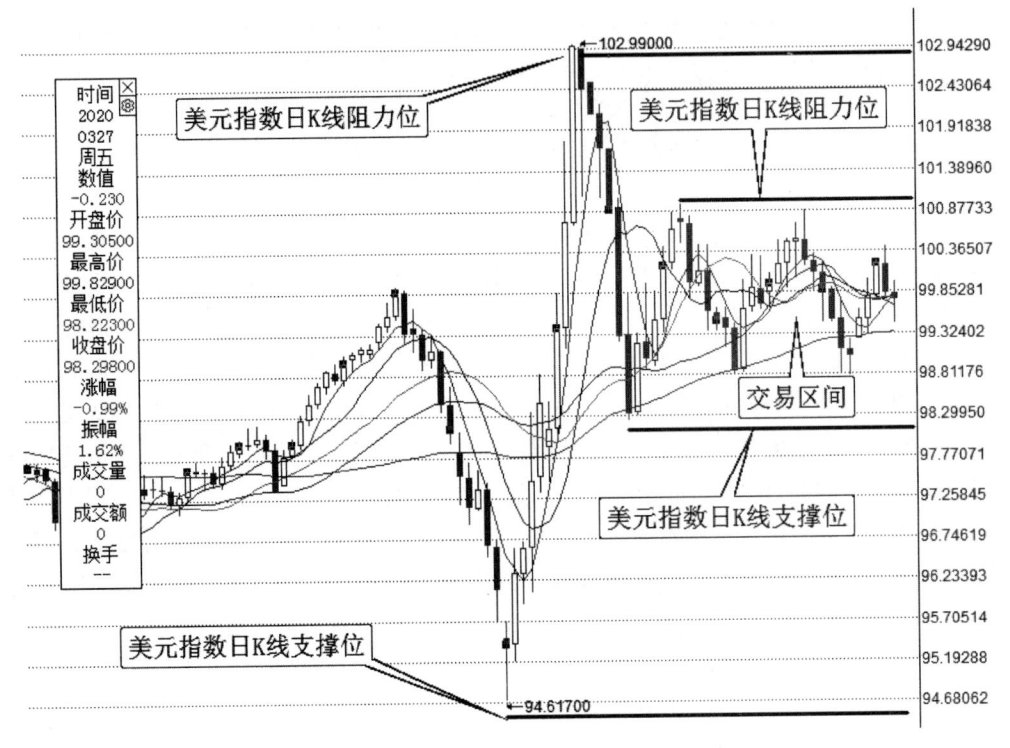

图3-6 美元指数日图支撑位与阻力位

支撑位和阻力位是一个整体的两个部分，它们也可以被看作是相反的两极。支撑是在相对更低的价格水平上找到的反转向上的价格"压力"，而阻力则是在相对更高的价格水平上找到的反转向下的价格"压力"。人们对这些向上和向下的压力提出了很多假设性的原因，其中许多都与大多数交易员的心理密切相关。

支撑线和阻力线最大的优点在于没有滞后性，相对于指标参数，它们和投影仪一样，形成了一道心理保护带。不过，我们不用对交易员心理的理论支撑进行仔细研究，支撑和阻力的概念通常被认为是来源于市场参与者的价格记忆以及其他因素。由于有了价格记忆，就会出现稳定的支撑和阻力线，其原因是交易员记住了特定的价格水平，而且他们将根据他们对这些价格水平相对高低的判断来做出交易决策。最基本的趋势是，交易员会在他们认为相对较低（支撑）的价格水平上买入，而在他们认为相对较高（阻力）的价格水平上卖出。当大多数交易员一致相信特定价格水平或区间相对较低时，买压通常会获胜，而且价格一般会上升，因此创造了一个"支撑反弹"（bounce up of support）。相反，当大多数交易员一致相信特定价格水平或区间相对较高时，卖压则通常会获胜，而且价格一般会下降，因此创造了一个"阻力反转"（bounce down of resistance）。

当我们找出支撑位和阻力位的位置后，还需要知道它们的强度有多大。我们可以从多个角度来分析支撑阻力位的强度。从图3-6中，我们看到美元指数在四十多天内（2020年3月27日开始到2020年5月8日）都未能跌破98.223，由此可见，在98.223的位置具有很强的支撑作用。如果价格在之后达到之前的高点（2020年4月6日的100.94）而没有刺破它，那么市场对这一阻力位的信心会增加许多。行情走势图中的时间周期也可以用来衡量支撑位和阻力位的强度。周期越长，比如周图和月图，其支撑位和阻力位的强度越大，毕竟大量资金的积聚使得价格有机会刺破这些点位但却没有。

二、支撑位和阻力位的作用

在画支撑线和阻力线时，交易员们要进行判断。从图3-6中可以看出支撑线和阻力线是画在有一系列低点和高点的位置。有一些影线刺破了这些线，这些刺破可以被看作是一个短期的支撑和阻力，而那些连接了更多点的位置，支撑和压制作用更强。交易员应该把支撑位和阻力位当作一个区域而不是一条特定的线。在一个支撑上限和一个支撑下限之间的窄幅价格行为叫做一个交易区间（a trading range），这种情况在外汇市场上经常发生。许多外汇交易员利用低波动性的交易区间的向上突破和向下突破作为他们主要的交易进场策略之一。

价格在最终突破支撑和阻力线之前，会多次在这些支撑和阻力线之间徘徊。这个简单的事实本身就是一种了不起的现象，它对外汇交易员的任何策略都有很大帮助。因此，当价格接近历史上非常重要的支撑或阻力线时，交易员和分析师都会非常关注价格行为，他们等待着这些点位要么不被触动，要么被突破。之后，这些交易员和分析师将相应地采取行动。

投资者的一致价格记忆与支撑/阻力这个概念之间关系的另一个重要方面在于，支撑/阻力线一旦被突破，就会转化成自身的反面趋势。比如，当价格向上突破了之前的阻力位时，技术分析师和交易员将会把这个被突破的阻力位看成是一个新的支撑位。同样道理，当价格向下突破了之前的支撑位时，技术分析师和交易员则把这个被突破的支撑位看成是一个新的阻力位。

从技术分析的角度来讲，产生这种现象最可能的原因是，一旦某一个货币对的价格强有力地突破了某一个支撑/阻力线，交易员就会认为价格活动进入了一个全新的平台。由此，大量交易员所形成的动力将之前的价格水平转移到新的均衡区域。新旧平台之间的边界就是被突破的支撑/阻力线附近的区域，这个区域可能会成为未来的价格障碍。

当然，和技术分析中的其他规律一样（其他分析也存在这样的情况），这种趋势并不会总是像预期的那样发挥作用。但是这种现象在外汇市场上发生的频率非常高，所以还是值得认真研究的。支撑位变成阻力位，阻力位变成支撑位的这种可能性（如图3-7所示），是支撑/阻力概念以及技术分析的中心主题。

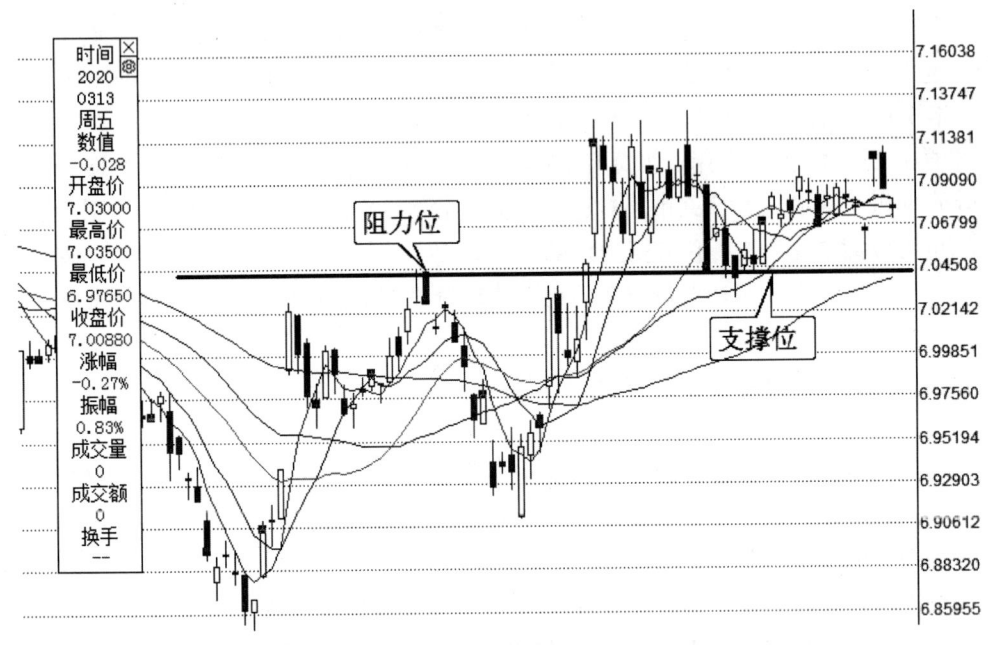

图3-7 支撑位和阻力位的互换

第三节 外汇交易技术分析的趋势线和趋势轨道

对技术分析实践来说，趋势的概念甚至比支撑和阻力更加重要。趋势是你的朋友，除非趋势结束了。在找出支撑阻力位之后，我们再介绍民间广泛应用的经典工具——趋势线。趋势线同支撑线和压力线类似，连接了过去和将来的走势。趋势线是用来界定市场是否出现了连续的新高或新低的。

一、趋势

（一）时间周期

在判断趋势是向上还是向下时，所涉及的一个复杂问题是时间周期的问题。比如，在美元/日元的日线图中显示是下降趋势，而在短期小时图中是上升趋势，而在超短期的分钟图是下降趋势。因此对货币对来说，哪个时间周期指出的才是正确的方向呢？

答案完全取决于某一特定交易员习惯于在哪种时间周期上进行交易。更长的时间周期指示的趋势更可靠，这或许是对的，因为更短的时间周期往往包含了一些市场干扰，它会产生对整体趋势没有太大影响的微小价格波动。但是，一个短期的日内交易员可能会完全忽略周图上的价格行为，长期趋势对最短期的日内交易员来说是完全无用的。同样，一个长期头寸交易员当然可以忽略一个5分钟图上的日内价格变动。

一个可以解决趋势判断和时间周期问题的方法是，关注在一个比交易员交易的时间长4~6倍的时间周期中所指示的趋势。比如，如果一个交易员由于交易需要习惯于分析1小时图，那么4小时图（是1小时图长度的4倍）将用来指示趋势；如果一个交易员由于交易需要习惯于分析4小时图，那么日图（是4小时图长度的6倍）将用来指示趋势；如果一个交易员由于交易需要习惯于分析日图，那么周图（是日图长度的5倍）将用来指示趋势。

（二）趋势

一旦识别出了总体的、期限更长的趋势，许多外汇交易员就会明智地遵从那句至理名言，即所有的交易员都应该紧随最流行的趋势。尽管外汇市场上存在着很多成功的反趋势技术交易员，但顺趋势的成功交易员却多得多。

在识别趋势的过程中，除了要考虑时间周期的兼容性，另一个更大的问题是如何对趋势本身做出定义。如果价格趋势是一条要么向上要么向下的直线，识别趋势显然就太简单了。在现实中，外汇价格是不断变动的，这通常让技术分析师很难识别出趋势。

有三种主要的价格变动状态可以很容易地被识别出来，分别是向上的状态、向下的状态和无趋势（横盘整理）状态。记住，在外汇交易市场上，同一时间上一个向上趋势对基准货币（货币对中的第一种货币）来说是一个向上的趋势，对报价货币（货币对中的第二种货币）来说则是一个向下的趋势。相反，一个货币对的向下的趋势，同一时间上对基准货币来说是一个向下的趋势，对报价货币来说则是一个向上的趋势。根据定义，由于无趋势状态并非讨论趋势时一个必不可少的部分，所以在这里我们将其忽略。

理想状态下，一个向上趋势的特征是价格高点和价格低点都不断上升。相反，理想状态下的向下趋势的特征是价格高点和价格低点都不断下降。一个低点被看成是一个向下移动区段和一个向上移动区段的转折点，而一个高点被看成是一个向上移动区段和一个向下移动区段的转折点。

趋势可以用许多工具来测量和评价，包括趋势线、趋势轨道、移动平均线、平均动向指标（average directional indicator，ADX）动向移动指标（directional movement index，DMI）、艾略特波浪等。

尽管形成向上或向下的趋势需要一些理想条件，但在现实中很难找到完全满足这些要求（对向上的趋势而言，低点和高点越来越高；对向下的趋势而言，高点和低点越来越低）的持续趋势。更常见的情况是，交易员和分析师发现在他们的图表上，向上的趋势只需要满足低点不断上升，而向下的趋势只需要满足高点不断下降。因此，我们有了这样的术语：上升趋势支撑线和下降趋势阻力线。根据定义就可以知道，这两个概念组成了评估趋势的重要技术分析工具——趋势线，而这两条趋势线又组成了趋势分析中另一个非常重要的工具——平行趋势轨道。

二、趋势线和趋势轨道

（一）趋势线

除在本章前面部分所讨论的水平支撑和阻力线，趋势线和趋势轨道也是技术分析工具库中被使用最多的工具。绘制趋势线的方法几乎和使用它们的交易员一样多。随着技术的发展，无数用于绘制和解释这些趋势的新方法也不断出现，但是构建趋势线的传统方法却是明确的。对于上升的趋势，可以连接依次上升的低点（至少两个，但最好更多），如图3-8所示。对于下降的趋势，可以连接依次下降的高点（至少两个，但最好更多），如图3-9所示。

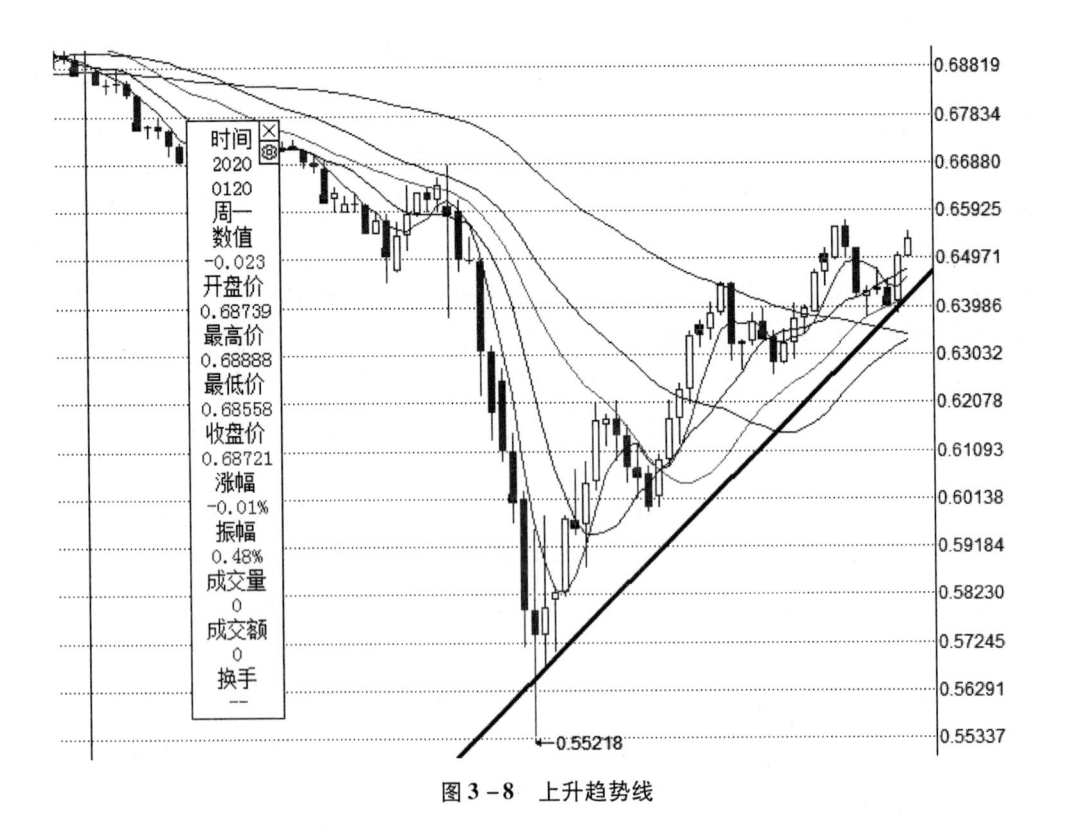

图3-8 上升趋势线

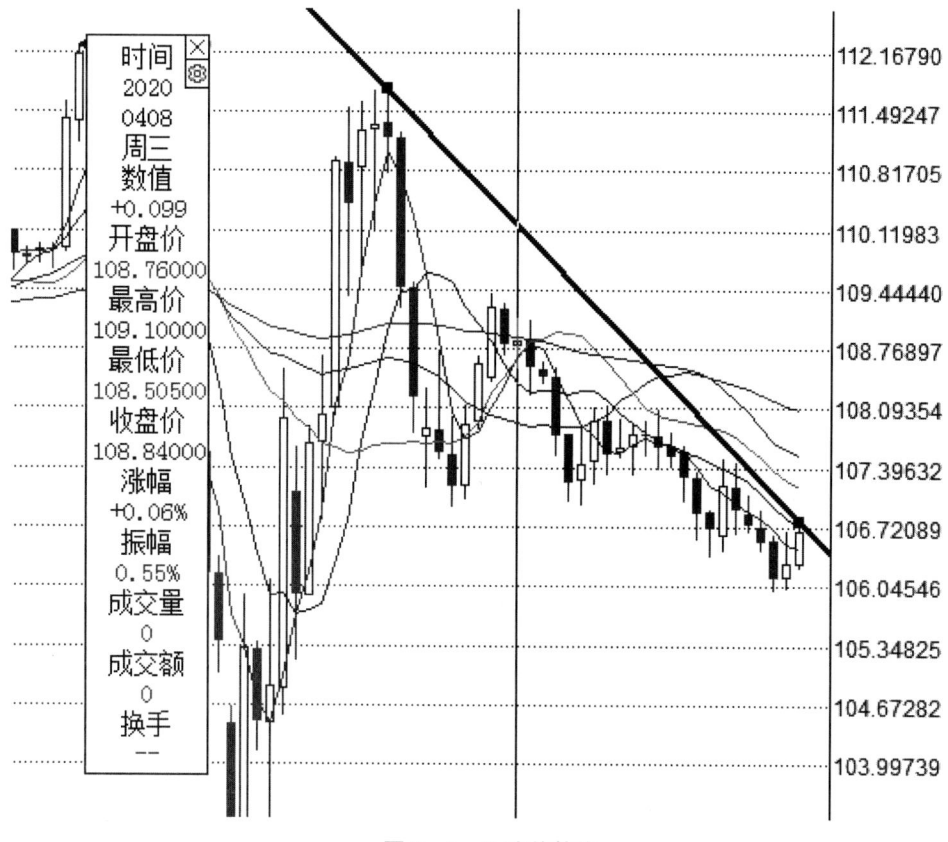

图 3-9 下降趋势线

(二) 趋势轨道

趋势线对外汇交易员来说是非常有用的。事实上，有很多外汇交易员喜欢专门使用趋势分析来进行交易决策。趋势线可以用来准确地找出突破进场点、回调进场点、审慎止损点和最优获利目标。尽管对趋势线的构建和解释可能存在非常强的主观性，但趋势线确实是许多盈利性最强的交易策略中必不可少的部分，这一点已经经过了时间的检验。

如果一条趋势线只提供了一个上升趋势的底部，那么平行的上升轨道线将提供它的顶部。同样道理，如果一条趋势线只提供了一个下降趋势的顶部，那么平行的下降轨道线将提供它的底部。完全被容纳在一个平行趋势轨道内的价格行为满足了一个真正趋势的最高理想条件。这是因为，比如一个完全被容纳在一个平行上升轨道线之内的上升趋势，将同时包括逐次上升的低点和高点（见图 3-10）。而一个完全被容纳在一个平行下降轨道线之内的下降趋势，将同时包括逐次下降的低点和高点。这与单条趋势线正好相反，单条趋势线只需要价格满足一半理想条件就可以了。

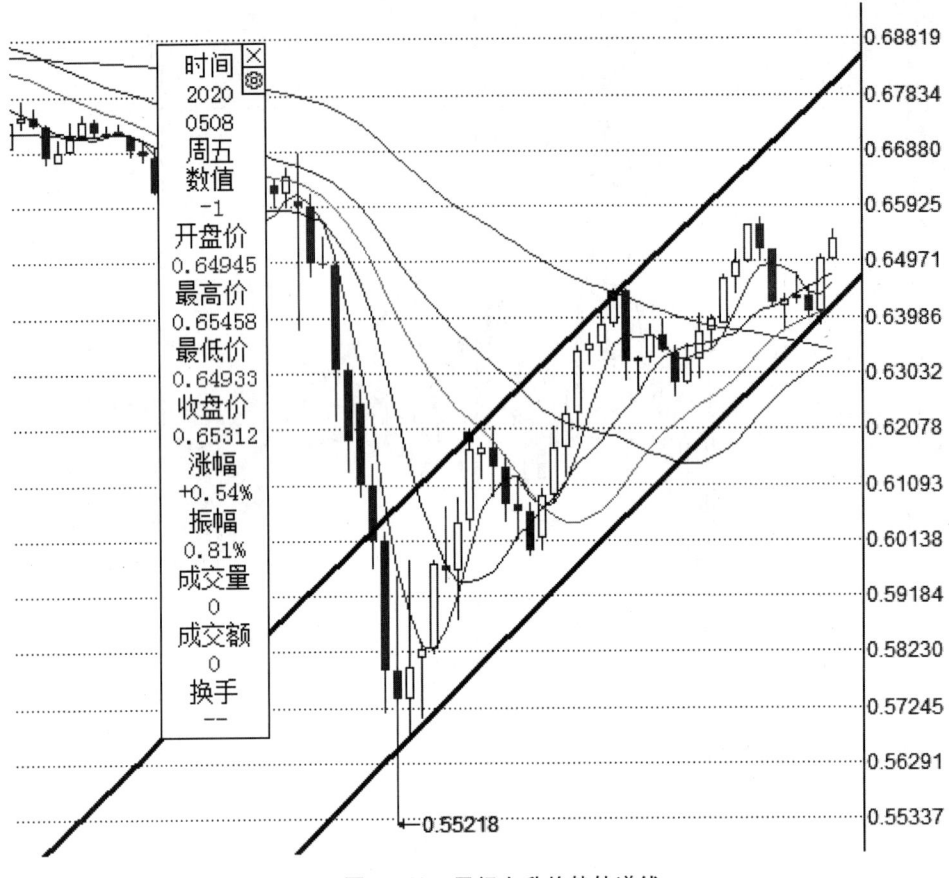

图 3-10　平行上升趋势轨道线

对平行趋势轨道的一个附加说明是，它经常鼓励交易员进行反趋势交易。比如，在一个上升的轨道线中，底部线的支撑和顶部线的阻力让交易员既想在底部以多头进场，又想在顶部以空头进场。在上升趋势轨道线的底部以多头进场是一个与趋势方向一致的交易，而在相同的上升趋势轨道线的顶部以空头进场，则是一个反趋势交易。尽管反趋势交易绝非禁忌，而且对于有经验的交易员来说，它通常被证明是一个很赚钱的交易方式，但新手交易员最好还是坚持按趋势交易。对于严格按趋势进行交易的交易员来说，一个上升趋势轨道的顶部应该专门被用于在多头上获利，而不是按与趋势相反的方向进入空头交易。

关于轨道线，另一个需要注意的地方与突破有关。许多刚开始接触外汇交易的交易员常把价格对趋势轨道两侧的突破看成是一回事。比如，在一个平行的上升趋势轨道上，向下突破上升趋势支撑线代表的是趋势可能会发生变化，这通常被认为是非常重要且有交易可能性的。相反，向上突破上升轨道线的上限，从交易的角度来讲，则是一个重要性或行动意义并不大的事件。这种类型的突破仅仅代表这种趋势的加速，它通常会失败，因为动力已经耗竭了。对于水平向下的趋势轨道线来说，上述理论也成立，只不过方向相反而已。

(三) 检测并确定趋势的改变：三线反转图

三线反转图对于检测并确定趋势的改变是非常有用的。因为这使得交易员在判断趋势的形成和反转时不会那么模棱两可，而三线反转图可以让交易员在任一时间周期来确认趋势方向，并帮助判断趋势在哪里出现了反转。因此三线反转图是非常好的图表工具，可以很好地告诉交易员：应该顺应哪个方向进行交易，进场位在哪里。

那么让我们一起来学习怎样使用这个工具，以及它是如何表现趋势的强度、稳定程度和趋势方向的。这个图和蜡烛图看起来很像，但是它们是不同的，三线反转图只显示连续的新高或新低。每个柱状体都表示价格到达了一个新高或新低，这很好地反映了市场情绪，交易员需要知道市场的主导情绪是在减弱，还是出现了反转。

在图3-11的例子中，有10个下跌趋势的柱体，之后出现了反转。当价格突破了前三个柱体，这就是一个反转的信号。这个时候交易员可以介入多头，因为市场已经被反转的情绪所主导，这也是为什么这种方法被称为三线反转图。类似地，我们看这幅图的右侧，在连续创17次新高之后，出现了一个下跌行情。如果交易员想确定是进行买入还是卖出，三线反转图将会给予确认，如果想做多，那么三线反转图上面应该出现连续的收盘新高，做多的最佳进场点会出现在价格反转的前期下跌趋势的时刻；如果想做空，三线反转图上面应该出现一系列的下行柱，最佳进场点会出现在价格反转前期上涨趋势的时刻。

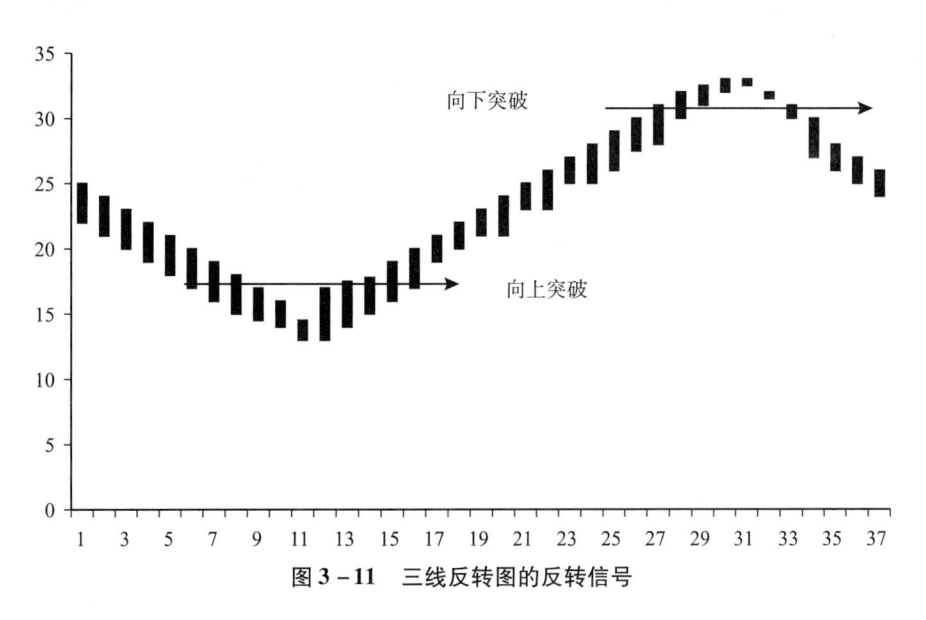

图3-11 三线反转图的反转信号

使用三线反转图的一大好处就是可以跟随其确定的方向进行交易。但日内图、4小时图、30分钟图或5分钟图上面的趋势可能是不一样的，如果这几个周期显示的方向是一样的，那就非常好了。

(四) 检测趋势中的微小变化：砖形图

找准趋势方向并知道趋势在哪里发生反转对于进场是非常重要的，但交易员面临的最大挑战是知道市场情绪何时发生了改变，需要离场。要想立刻检测到趋势方向的细微变化，交易员应该借助砖形图。

砖形图可以剔除市场杂音，提前知道价格的走向。虽然蜡烛图和柱状图可以体现一定时间周期内的低点、高点、开盘价和收盘价，但砖形图只会在价格波动符合事先设定标准的情况下出现一个砖块。换句话说，如果交易员想知道市场的某种情绪是否还在延续，可以观察市场是否有能力使得砖形图上面出现持续的砖块。这非常有用，之后我们会讲解如何将砖形图和其他指标结合起来准确确定出场点位。

图3-12中运用砖形图表现了价格波动的变化。每一个砖块设定的是一个点的波动。这意味着如果价格上涨了一个点或下跌了一个点，将会形成一个砖块。交易员可以自己设定时间周期，并根据需求设定波动标准。但是，砖形图的价值在于设定最小的时间周期和波动范围，从而发掘到其他图表很难检测到的市场情绪的细微变化。

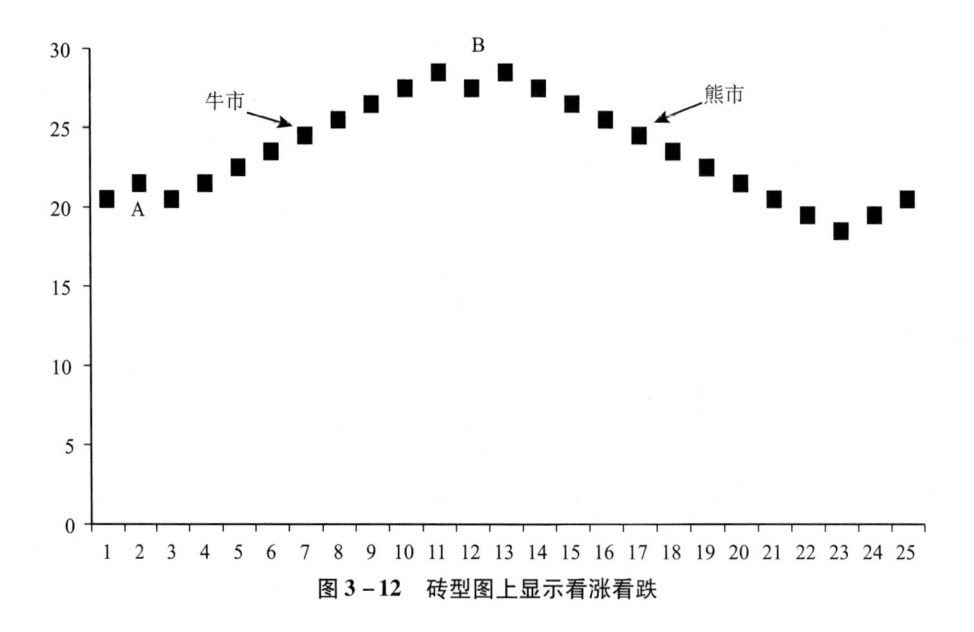

图3-12 砖型图上显示看涨看跌

实际上，我们看到该货币对表现了不同程度的市场情绪，从连续形成的上行砖块或下行砖块能够看出是否走出了一个微小的有力趋势。图3-12中的A点和B点，均出现了趋势的反转。这种反转是经常出现的，然而一到两个反转砖块并不能作为前一个趋势结束的标志。靠右侧最近的一些砖块显现出向下的趋势，已经持有空头的交易员会将这样的形态作为继续持仓的信息。之后我们会举例说明如何将砖形图同其他的工具和策略结合运用。

支撑线、阻力线和趋势线是分析价格波动的基础，通过使用三线反转图和砖形图等方法可以进一步实现日内、小时内甚至是分钟内的市场情绪判断。三线反转图和砖形图的最大优点在于能够检测出无论是大的时间周期还是最小时间周期的市场情绪变化，是值得探究的工具。

第四节　外汇交易技术分析的支点

外汇交易中所使用的支点法，最初是应用在期货和股票交易中，后来才进入外汇市场。支点（pivot point）是指用数学方法从前一日的关键数据点中获得的支撑和阻力线。要计算主要的支点，交易员需要将前一日的最高价、最低价和收盘价进行平均。

支点背后的含义就是，它们可以充当关键的支撑和阻力线，在这些水平上价格可能会回撤或进行修正。与许多其他的技术分析工具类似，许多分析师都相信支点是一个自我实现的预言。换句话说，它们之所以起作用，就是因为有足够多的交易员相信并权衡它们，并认为在这些水平上应该有一些重大的价格活动。自我实现预言这个概念，也可以扩展到趋势线、水平支撑/阻力线、斐波那契回撤数列和其他工具上。

一、斐波那契线提供的支撑阻力作用

除了用最基础的几何方法来衡量支撑位和阻力位，还有一些隐藏的因素可以让交易员找出后市的支撑位和阻力位，包括心理因素和市场形态。其中最常见的是运用斐波那契线，它是由13世纪意大利的一名数学家里奥纳多·斐波那契（Leonardo Fibonacci）计算一系列数字得出的。

这些数字最终促使人们发现了黄金分割率1.618及它的倒数0.618，斐波那契比率这个数学数列表在科学、自然和艺术界之中广泛存在，甚至是一个指甲盖也遵循了黄金分割率法则。斐波那契比率的使用非常普遍，运用谷歌搜索可以发现至少123万的引文。在外汇中，斐波那契线可以描绘价格走势，因为价格的波动契合斐波那契线，这在周图、日图和4小时图这些较大的时间周期里面表现得尤为突出。价格从低点到高点的大幅波动后，紧接着肯定会回调。获利平仓通常会使得价格回调，停留在某个支撑或阻力位，这些停留的点位就是斐波那契点位。我们现在来看看美元/人民币（离岸）日图（如图3-13所示）。

我们看到美元/人民币（离岸）在6.9057创新低，然后一直上升到高点7.1651。低点和高点确认后，交易员就可以使用斐波那契图表工具画出斐波那契线了。无论在什么平台，都可以画出斐波那契线，最低点是斐波那契线100%的回调位，最好的解释就是价格可能会一路回到原点，即100%的回调位。连接了最高点和最低点后，斐波那契回调线就出来了。请注意斐波那契线是对后市价格的预测，然而交易员并不知道价格是否会停留在某个斐波那契线。但他们会假设如果价格能够到达斐波那契线，就会遇到很强的支撑或阻力作用。如果价格测试了某条斐波那契线但未能刺破，那就可以确认这个位置具有很强的支撑或阻力作用。

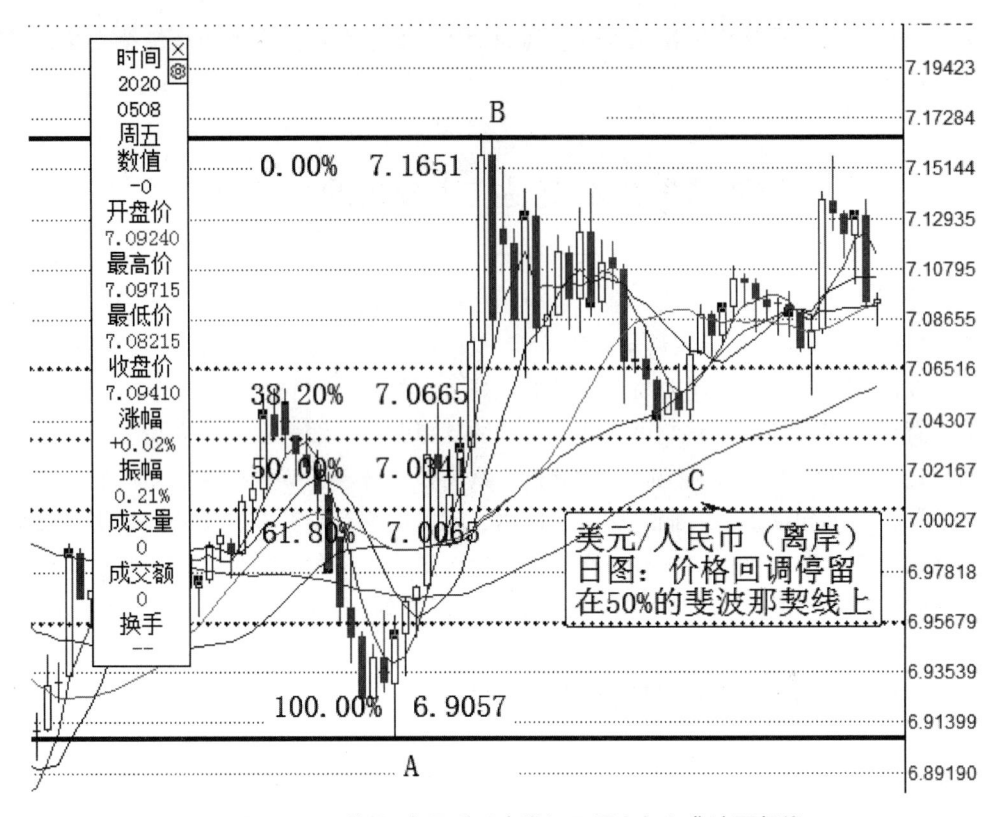

图 3-13 美元/人民币（离岸）日图上加入斐波那契线

图 3-13 中价格从低点 A 到高点 B，然后向反方向回调。那么它是怎样走的呢？它探测到 50% 的位置，但是未能突破。这好似在跳一场事前编排好的舞蹈一般。我们看下面同样使用斐波那契线分析的欧元/美元日图：价格下跌，之后试着回调，但未能突破 50% 和 38.2% 的斐波那契线（如图 3-14 所示）。经验丰富的交易员会在此时准备卖出这一货币对。

请记住，只有高点和低点确认了，才能画斐波那契线，价格很有可能会回调到斐波那契回调线上。知道斐波那契线在哪里对交易非常有帮助，如图 3-14 中，当前价格回调在 38.2% 的斐波那契线上，未来价格如果上调到该价格之上后，是否再次回调到该价格？如果价格回调到该价格后停止，停留在关键的斐波那契线上，这里的支撑作用会很强，想进行多头的交易员应该关注；而如果跌破该价格，则证明价格有继续下跌的能力，可以考虑做空交易。

斐波那契线不是用来预测价格的走势，而是用来设定潜在的支撑阻力位。交易员需要重点关注这些点位，每个专业的交易员都应该知道重要的斐波那契线在哪里。也许是因为这个水平线是事先设定好的，所以人们认为价格会到达这些点位，这使得斐波那契线的重要性增强。当然，斐波那契线确实会对价格产生影响，其作用不应该被忽视。

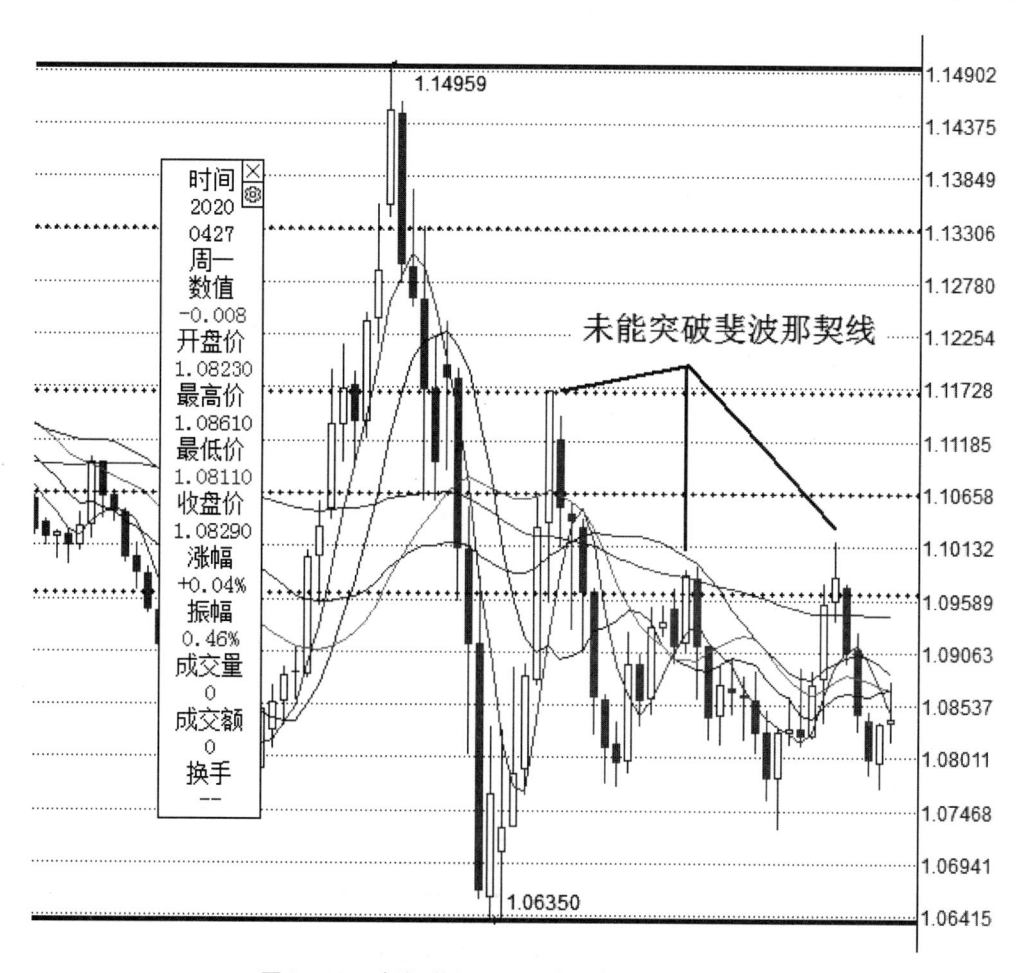

图 3-14　欧元/美元日图：价格未能突破斐波那契线

二、时间周期选择

在使用斐波那契线时，经常会遇到这样一个问题：应该选择哪条水平线，以哪个点位作为参考？在任何一个时间周期中，都可以画出许多斐波那契线。交易员一般偏好于使用 15 分钟图或 5 分钟图，但周图、日图、4 小时图这样的大时间周期仍然很重要。图 3-15 显示的是正确画出斐波那契线的步骤。

首先你应该问自己：价格现在在什么点位？价格来自哪里？交易员应该找到这一波行情显著的前高或者前低，这样能够看清最近的一波行情。请注意，100% 的斐波那契线是低点，意味着如果价格回落到这个水平，就有了 100% 的回调。只要知道前高和前低就能画出斐波那契线，因此有些公司不标注斐波那契比率，只显示这些线。

斐波那契回调位可以帮助外汇新手找准进场时机。斐波那契线有许多变量，斐波那契扩展线的回调比率可以高于 100%。价格波动契合斐波那契比率是外汇交易的基本原则，实际上，在很多领域我们都可以看到斐波那契比率的存在。

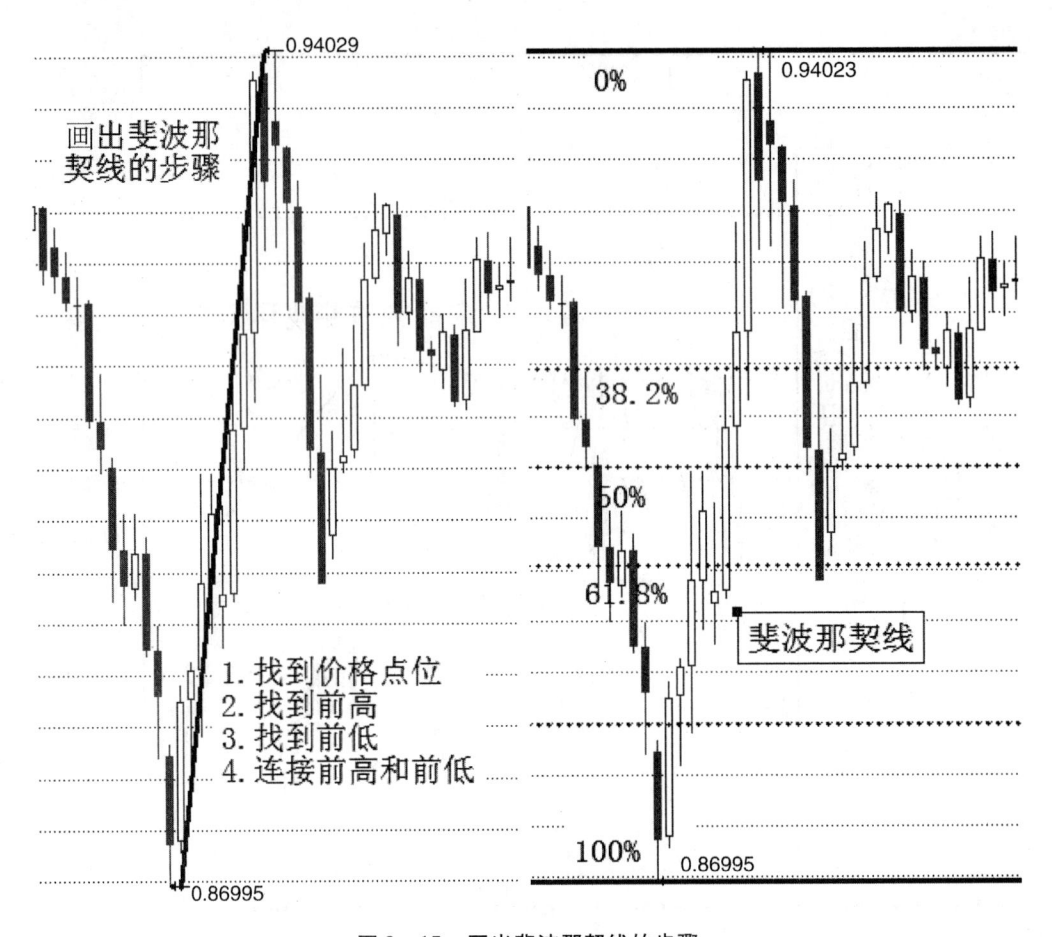

图 3-15　画出斐波那契线的步骤

三、轴心点的支撑阻力位

价格波动遵循回调比率在轴心点上也有体现。轴心点是由交易所的场内交易员发明的，现在被许多交易员使用。轴心点的优势在于其本质是客观的。根据斐波那契和艾略特波浪理论画出来的阻力线往往具有主观的成分在里面，所以每个人画出来的阻力线不尽相同。

轴心点主要分析交易时间段市场即时行为和波动区间，可以发掘这个时期的市场心理。轴心点是通过最高点、最低点和收盘价格之和除以 3 计算出来的。交易员应该注意分析价格接近轴心点（就是市场普遍关注的价格焦点）时的市场形态。如果轴心点和斐波那契线或者其他重要指标部分重叠或完全重合将进一步印证一种市场趋势。同时请注意，时间周期越短，轴心点越不稳定、越不可靠。

四、心理的支撑阻力位

在互联网时代，市场情绪是价格波动的主要原因，心理支撑阻力位的概念也变得尤为重要。心理支撑阻力位的表现形式有多种，而这也是一个自我强化的过程。举个例子，交易员非常重视关键的斐波那契线，这使得这些位置的重要性进一步加强。许多止损、止盈都设置在斐波那契区域。而处于关键执行价格的期权订单非常重要，一般的现货交易员对此了解很少。如果某一货币对测试了重要的支撑阻力位，比如日图、周图或月图的高点或低点等，那么这里就形成了一个心理支撑。实际上，如果价格不能继续走高或走低，不管是什么原因，市场都会认为这些支撑阻力位已经被突破。因此，从本质上讲，这些支撑阻力位是心理上形成的。

通过观察柱状图和蜡烛图，我们还可以看到价格的波动区间，也就是市场价格的高点和低点的差值。货币对的波动区间反映了价格波动不可忽视的心理特征，随着低点和高点的差值扩大，多头和空头能量的差距也在扩大；随着区间变宽，交易员的恐惧也在增加。区间变宽是市场波动增加的信号，区间变窄表示交易信心的减弱，因为市场需要新能量。根据区间的形状，交易员可以运用不同的策略。在盘整的形态中，也就是通道，在通道的某一侧交易是普遍使用的策略，但是通道的宽度应该至少是40个点，这样才可能有机会拿到10~15个点的利润。如果波动区间变窄直到形成三角形，价格会向某一方向突破，我们不能确定突破的方向，但一般可以预测价格会跟着趋势的方向突破，这也许是个好的猜测。如果波动区间非常狭窄（低于20个点），这意味市场存在着许多噪声，此时不应该进行交易。如果想此时进行交易，应该找准一个非常好的进场位，在支撑阻力位的附近进行交易往往更有把握。

五、艾略特波浪

与斐波那契理论相关，艾略特波浪理论是用拉尔夫·纳尔逊·艾略特（Ralph Nelson Elliott）的名字命名的，他认为价格变动是可以预测的，而且可以划分为一系列可识别的波浪。基本的波浪结构是：前5个浪组成主要的趋势变动，后3个浪组成调整变动（如图3-16所示）。许多伴随着这一基本结构的规则和指南，构成了艾略特理论的完整交易哲学。

图3-16 艾略特波浪

这一交易哲学广为流行，拥有大量的信奉者，其中包括一些世界上最有能力的交易员和分析师。尽管有一些诋毁者认为艾略特波浪分析太过主观，很难持续有效，但那些遵守这一理论的要旨,并最终获得成功的交易员的例证,使它成为一个不能被忽视的交易方法。

第五节 外汇交易技术分析的技术指标

  前面学习了如何运用波动帮助外汇交易员评估市场动态。在市场发生波动的时候,加入支撑阻力线并进行趋势分析,可以找到盈利概率更高的交易机会和形态。

  通过分析货币对在疲软条件下的价格波动,可以知道货币对的实际情况。交易员最感兴趣的往往是在极端条件下的市场行情。货币对可以达到一天的高点或者一周的高点,但这并不意味着价格能够回到平均值。如果价格处于高位,那肯定是有原因的,有可能是受到了新发布的经济数据的推动。然而,当货币对达到一个波动的高点时,交易员可以推断价格会发生反转,因为价格波动不可能是无休止的,一定会回调到一个平均值。了解价格行为是进行外汇技术面分析的基础。

  日常生活中的经验可以帮助我们理解货币对的价格波动。一场大雪或者暴风雨,总有不同的强度周期,但当暴风雨最强烈的时候,我们都知道这场暴风雨即将要结束了。如果价格波动非常平缓,那可能是价格发生突破的前奏,这很好地诠释了"暴风雨前的宁静"。我们可以结合相关的振荡知识来制定交易策略,如果波动到达某一峰值,交易员就可以推测价格即将要发生反转了;如果波动变小了,那么近期可能缺乏波动的能量,交易员应该等待市场行情发生变化。

  技术手段上对于波动性的量化就是计算价格区间随时间变化的标准偏差。零波动并不意味着价格保持不变,只意味着价格区间没有发生变化。外汇交易员应该观察市场区间,并注意区间是稳定的还是发生了变化。

  一旦货币对开始频繁改变波动区间的形态,这就意味着波动性增加了。波动性的大幅上升是价格将继续跟随波动方向运行的信号,市场情绪、新能量一定会有走向。如果在某个重要的支撑阻力位突然发生很大的波动,那么这也是一个反转的信号,在价格发生波动的市场进行交易,波动区间会变宽或变窄,交易员需要特别关注风险控制,因为价格波动可能会更加剧烈,波动区间会更宽。

  我们已经回顾了价格的演变规律,以及如何运用外汇描绘价格波动,下一步就是诊断价格走势的强弱。外汇平台有许多指标可供使用,这可能会干扰外汇新手,因为这些指标对于外汇交易并没有什么用处。外汇平台中的指标会重新衍生一些指标,而这些指标可能早已经在其他市场被广泛使用。不论使用什么指标,最重要的评判标准就是它们能否把握市场行情,确定最佳进场点和进场时机。选择指标的第一步是要了解这些指标的用处。技术指标是一些算法,用这些公式可以对价格数据进行加工,过滤市场杂音。

  当运用技术指标确认(比如趋势有多强、支撑阻力位有多强、趋势或支撑阻力位是否有疲软的信号、价格运动的能量是否出现了增强或衰竭的迹象以及指标和价格走向之间是否有背离等）清单中的情形时，它们的作用就显现出来了。

总而言之，交易员要找到一系列指标，对交易进行确认，从而尽可能多地把握交易机会，因为指标是交易的基础。

一、成交量指标

外汇市场最重要的但被忽略的指标就是成交量指标。成交量数据是对市场进行技术面分析的最重要的信息之一。成交量是指流入特定投资工具的资金总数，成交量的上涨通常预示着价格的上涨，反之亦然。如果没有成交量的数据，即使是最好的股票投资者也不知道该如何进行交易。然而，在通过现货外汇公司进行交易时，却无法参考成交量数据。

成交量数据的缺乏使得许多指标没有关联性。由于交易量以及成交量的上涨或下跌与指标情绪和市场心理有很大的相关性，外汇交易员要寻找一些可以替代成交量数据的技术指标。比如，某种货币对连续几天测试了日图的支撑位，这意味着这里的交易量很大。价格与支撑阻力位的位置关系和远近可以用来替代成交量数据。此外，要格外关注经济数据的发布时间，这时成交量最大。因此，克服成交量数据缺少的最好的方法就是在成交量最大时进行交易。

然而，对于想要最好的信息的交易员来说，还有一种获得成交量数据的办法。外汇期货交易包含未平仓合约的成交量数据，这意味着所有包含期货成交量数据的技术指标都是有效的，在外汇市场交易欧元/美元的时候，谨慎的交易员也可以同时关注欧元/美元期货合约的成交量。这可能有点麻烦，也会涉及额外费用，但喜欢参考成交量数据的交易员会愿意这么做。不过，即使借助成交量数据，最大的盈利也只会在美国交易时段出现。

二、趋势相关指标

（一）移动平均线

正如前面所述，很多不同的技术工具都可以用来指示最主要的趋势，其中趋势线和轨道线是最流行的方法，但它们可能具有很强的主观性。移动平均线也能显示出趋势的方向，而且它们的主观性要小得多，因为它们是用数学方法获得的。因此，在构建和解释移动平均线时，交易员不需要使用太多的主观判断。但是，这也并不能使移动平均线优于趋势线，两者只是方法不同罢了。

移动平均线动态地计算了一个货币对在事先定义的若干个期间（period）内的平均价格。比如，在一个日图上（每一个柱体表示的期间是 24 小时），一个 20 个期间的简单移动平均（SMA）将过去 20 天的收盘价进行加总，然后再除以 20，这一计算过程得到的就是过去20天的平均价格。当我们连续不断地计算每一天的这种平均值（这就是移动平均之所以叫做"移动"的原因）时，我们就得到了一条跟随价格线的动态线，它能够有效地描述趋势。如图3-17所示即为20个期间的移动平均线，它显示出了总体趋势。

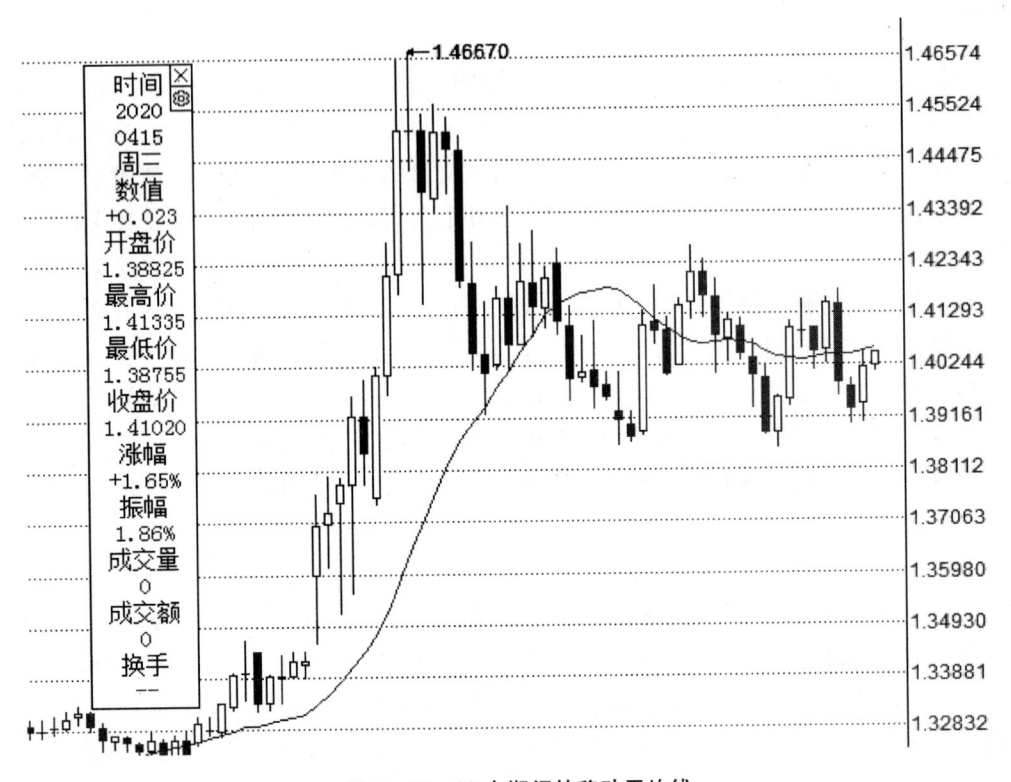

图3-17 20个期间的移动平均线

移动平均值的一个主要缺点是它们总是滞后于或跟随价格，这个缺点经常被交易员和分析师所提及。因此，移动平均线永远不可能具有预测性，因为价格的变化总是快于任何移动平均值的变化。因此，尽管移动平均值能够很好地描述当前的趋势，但在预测趋势变化方面，它们的作用却非常有限。在过去的几十年里，大量分析师和交易员试图通过创造出一种计算这些重要指标的新方法来弥补这一不足。

目前使用最为普遍的移动平均值有3种类型，分别是简单移动平均（SMA）、加权移动平均（WMA）和指数移动平均（EMA），它们之间的区别主要是数学编制方法不同。我们不需要仔细研究它们的区别就可以知道，简单移动平均对事先定义的期间内的所有数据赋予相同的权重，而加权移动平均和指数移动平均则对最近的价格数据赋予更多的权重。

加权移动平均和指数移动平均出现的部分原因是，试图克服简单移动平均传递信号的滞后性。但是，在实际使用中，这种滞后效应并没有消失，只不过是减轻到了一个较小的程度而已。也许我们可以确定地说,移动平均值将总是滞后于价格,而且任何人都无法改变这种情况。虽然移动平均值是滞后的,但在帮助简化价格行为以用于交易方面,移动平均值仍然是一个非常有用的工具。这主要是通过使用移动平均线的交叉点来完成的,我们可以用许多不同的方法来定义交叉点。

(二) 移动平均线交叉

最基本的交叉点(如图3-18所示)是价格线和单条移动平均线的交点。如果价格穿越到移动平均线的上方,它代表着买入货币对的一个可能的机会;如果价格穿越到移动平均线的下方,它预示着一个可能的卖点,或做空机会。

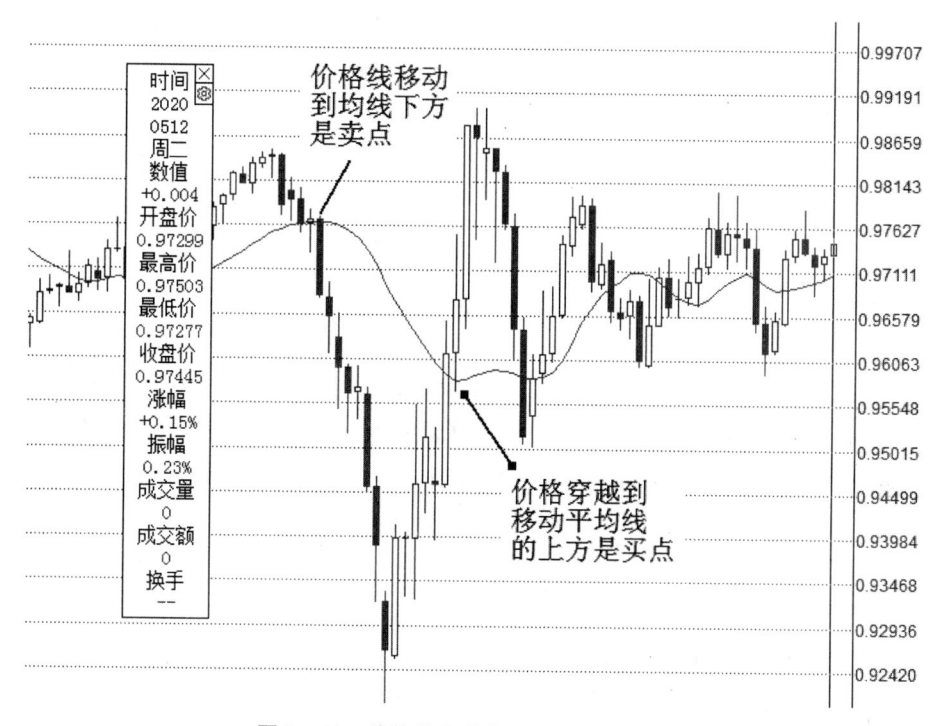

图3-18 价格线和单条移动平均线的交叉点

第二种类型的交叉点大概是移动平均策略中最常使用的一种交叉点。它要使用两条期间数不同的移动平均线,比如5个期间和20个期间。如果期间更短的移动平均线穿越到期间更长的移动平均线上方,它将被看作一个买入信号。相反,如果期间更短的移动平均线穿越到期间更长的移动平均线下方,它将被看成一个卖出信号。在这里可以使用一种较为出名和系统的解释,这就是葛氏均线八法(如图3-19所示)来全面揭示买卖信号。

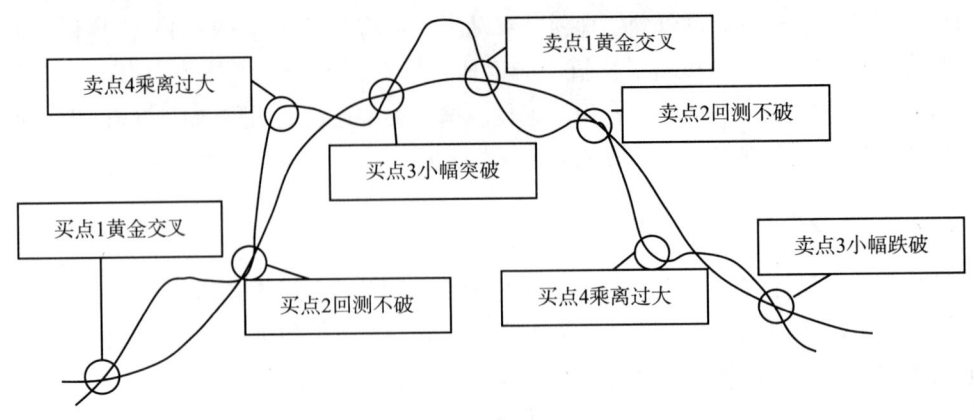

图 3-19　葛氏均线八法

买点 1 黄金交叉：长期 MA 走平，短期 MA 持续上扬，完成黄金交叉代表趋势可能反转，形成上涨趋势，可以买入；买点 2 回测不破：短期 MA 走平微幅下弯，回测长期 MA 不破，长期 MA 持续上扬代表趋势持续，可以买入；买点 3 小幅突破：短期 MA 下弯与长期 MA 交叉，长期 MA 持续上扬代表趋势持续，可以买入；买点 4 乖离过大：一般为"逆势而为"，即短期 MA 偏离长期 MA 过大时可能会出现价格反转，所以长期均线下行时可以买入；卖点情况与买点情况相反。

第三种主要的移动平均交叉点需要使用三条移动平均线。这种使用多重确认线的方法将试图战胜无利可图的锯齿形价格行为，这种行为通常是由无趋势、横盘整理的市场所引起的。使用三条移动平均线的系统，通常在期间最短的移动平均线同时穿越两条期间更长的移动平均线；或当期间最短的移动平均线穿越期间居中的移动平均线，然后期间居中的移动平均线接着穿越期间最长的移动平均线时产生信号。

移动平均交易策略背后的思想是，我们应该争取在有趋势的时期获得丰厚的收益，这段时期交叉点很少且离得很远。而在横盘整理的锯齿时期，由于交叉点非常多，则需要容忍一些难以避免的小损失。这种交易类型的最大困难在于，要做到在盈利时大胆放手以增加收益，在亏损时及时止损以减少损失。只有通过这种方式，一个使用移动平均交易策略的交易员才能够在有趋势的时期获得足够的收益，以弥补在价格活动呈水平状态时所遭受的损失，并最终以领先优势退场。

三、趋势指标和震荡指标

外汇交易还可使用的是一些通过比较价格极值发掘市场能量改变的技术指标，也就是震荡指标，其目的是确定货币对是否接近超买或超卖的极值。

平滑异同移动平均线（MACD）是一种广泛使用的指标，通过设置周期为 24 和 12 的指数移动平均线，就能得到平滑异同移动平均线。通过比较两条指数移动平均线（如图 3-20 所示），交易员可以把握市场能量的改变。

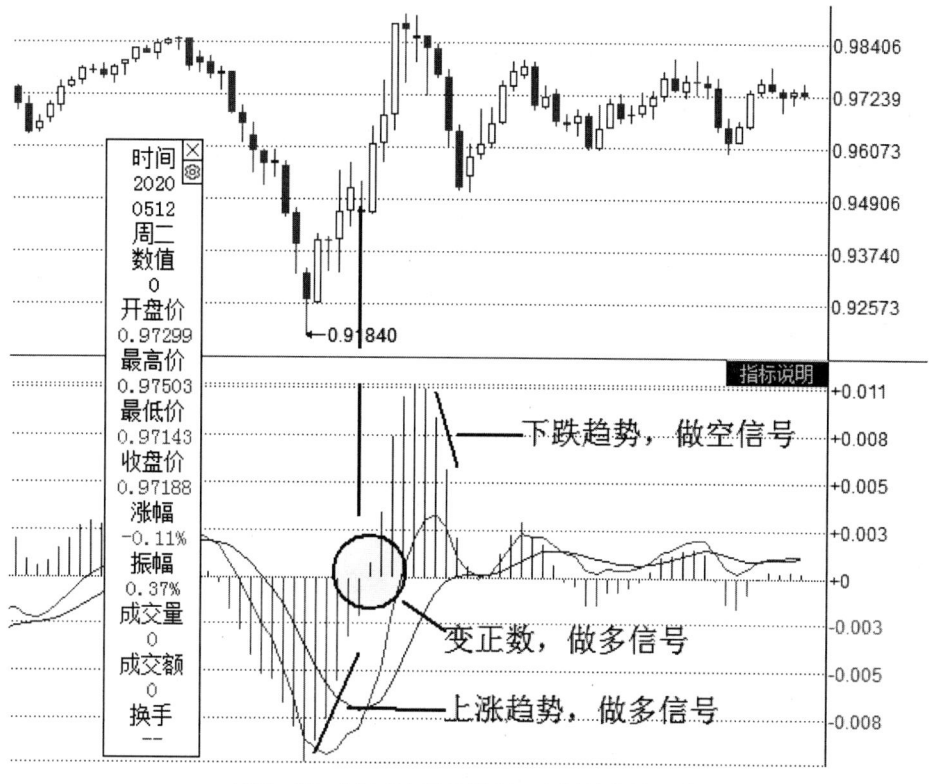

图 3-20　MACD 蜡烛图揭示市场情绪的改变

加入平滑异同移动平均线（MACD）后，再增加一条与之周期相差为 9 的指数移动平均线。这样就可以直观地把握市场情绪是否从看涨变为看跌，或者从看跌变为看涨。当和其他确定指标结合起来使用时，平滑移动平均线可以提升交易新手抓住高概率机会的信心。

交易员要重点注意 MACD 方向和价格方向是否出现背离。一旦发生这种情况，如果交易员认为价格会继续向之前的方向运行，则需要格外谨慎。

四、相对强弱指标

通过比较一段时间内的平均收盘涨数和收盘跌数，相对强弱指标（RSI）可以提供货币对是否超买或超卖的线索，其变动范围一般在 0~100 之间。交易员应该注意当相对强弱指标低于 20 或者高于 80 的时候，就是极值了，但这时候并不意味着绝对的多头或空头信号，而加入趋势线更能帮助我们把握何时何地介入多头还是空头。把趋势线同诸如 RSI 之类的震荡指标结合起来用总是很好的。如图 3-21 所示，我们看到了类似的趋势线突破 RSI。

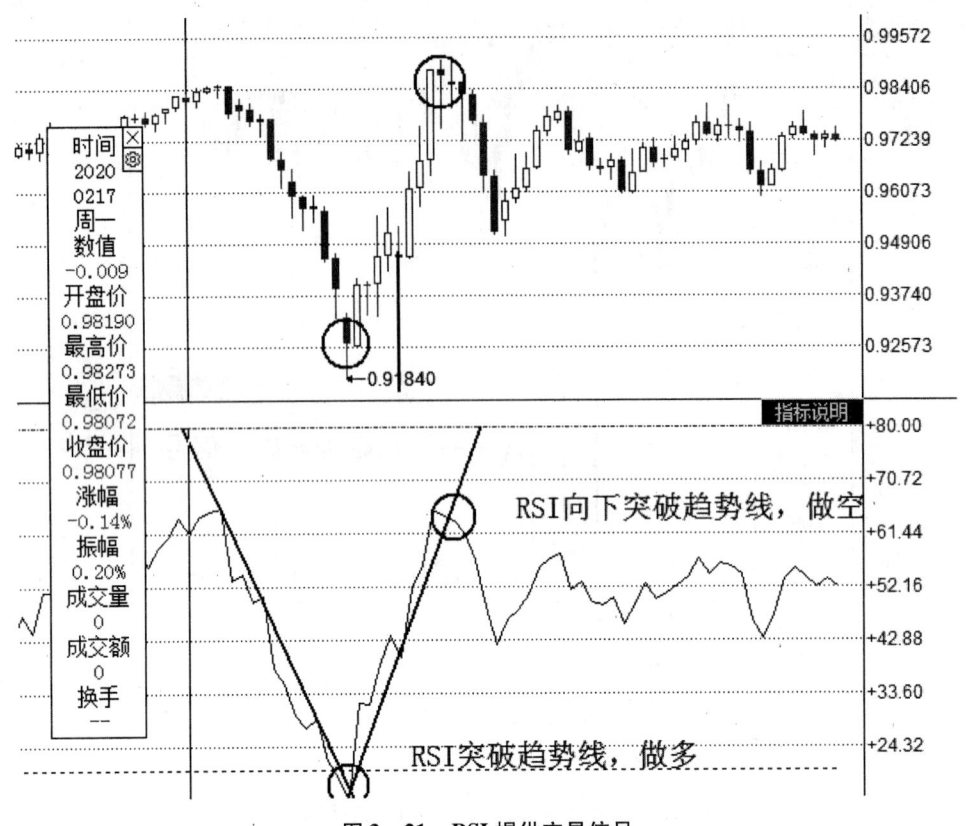

图 3-21 RSI 提供交易信号

RSI 的默认周期是 14，但是交易员可以把周期缩减到 9 来减少指标的滞后性，以更好地反映近期行情。同时，交易员应该明白 RSI 公式的变量可以衍生出不同的 RSI。不过，这些指标相对接近，交易员可以根据个人喜好来决定怎样使用。

五、随机指标

随机分析是一个通用术语，指通过随机抽取数据提取信息的过程。在评估价格走势和外汇中，使用随机指标（KDJ）的目的是分析价格是否有能力实现收盘新高或收盘新低。简单来说，当货币对在走强时，表现方式之一就是实现了收盘新高。如果收盘离开了顶点或底点，就意味着货币对失去了能量。

技术指标可以通过提取数据来表现其价值。如果技术指标到达 81，意味着价格到达了区间的 81%，那么价格继续保持高位将会有些困难。和其他指标一样，随机指标并没有进行预测，但它可以对趋势的强度进行有效的测量。随机指标有许多变体，最常见的是慢速随机指标和快速随机指标，两者的差异在于慢速随机指标对于价格波动没那么敏感。随机指标一般默认为 14 个回望周期，移动平均线通常默认为 3 个回望周期。如果把周期减小，比如为 8 或 5，便可以提高对价格波动的敏感度。

如图 3-22 所示，我们可以看到随机指标可以用来帮助交易。如果交易员在寻找做多或做空的入场点时，看到随机指标在交易方向交叉，那就可以进行多头，如果两个指标没有交叉，则需要等待进一步确认的信号。随机指标就像一个交通信号灯，观察所有车的走向当然很重要，但如果两个指标交叉了，那么就可以开始交易了。

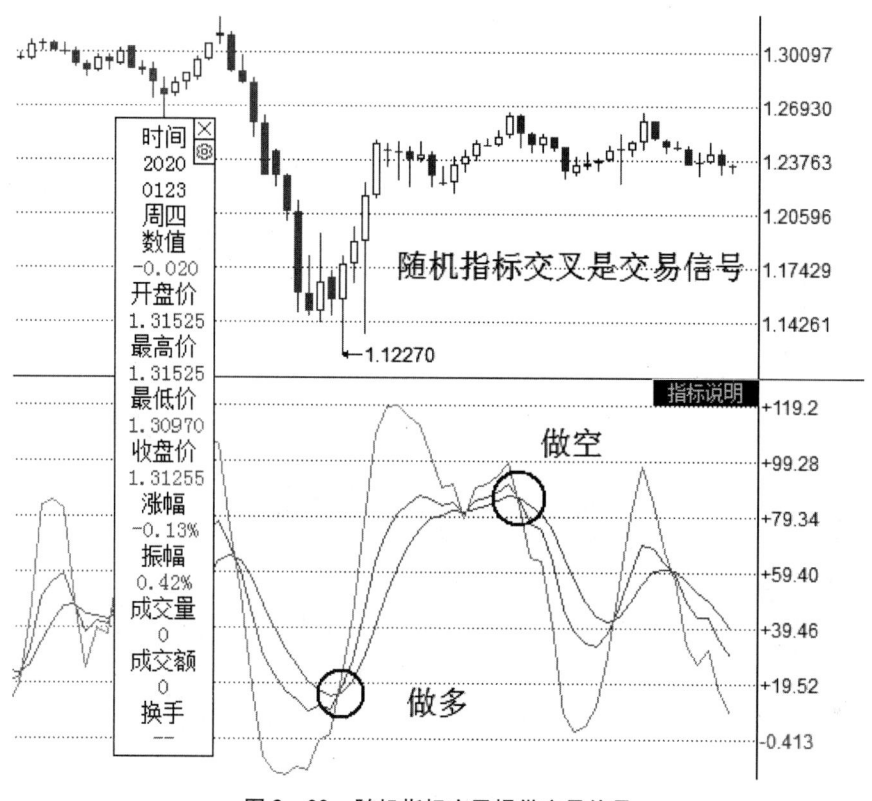

图 3-22　随机指标交叉提供交易信号

六、波动率/阻力和支撑指标

了解市场的波动情况对交易有显著的帮助，因为如果价格达到极值会很难保持，在这种情况下，会有许多的交易机会。交易员可以在价格发生反转的时候进行交易，或者可以在价格发生反转后再回调的时候进行交易。有一些很好的技术指标可以直接观察和测量波动，这些技术指标包括经典的布林带、波动通道、斯托勒平均波幅通道（STARC）和线性回归通道。

在布林带中，我们可以直观地看到价格是处于布林带上方还是下方。简单来说，布林带是一种统计通道，移动平均线的周期默认为20，标准差是2，一般情况下，96%的价格波动都在两条布林带之间。而布林带实际上是有着100年历史的钟形曲线的简易版本，显示样本的总体概率分布。当价格测试上带或者下带的时候，交易员应该警惕此时的价格可能会疲软然后回到带内。

值得注意的是，这时价格不一定会反转。实际上，价格可能会继续在两个带中运动，也可能会突破布林带，但是通过运用布林带，交易员可以判断价格反转的可能性。如果是盘整，价格会更容易从上带或者下带回弹；如果是倾斜的，那么反转的可能性会较小。布林带的形状非常重要，当布林带和其他指标结合使用的时候，可能会找到一些交易形态。如图3－23所示，显示了布林带的默认设置。

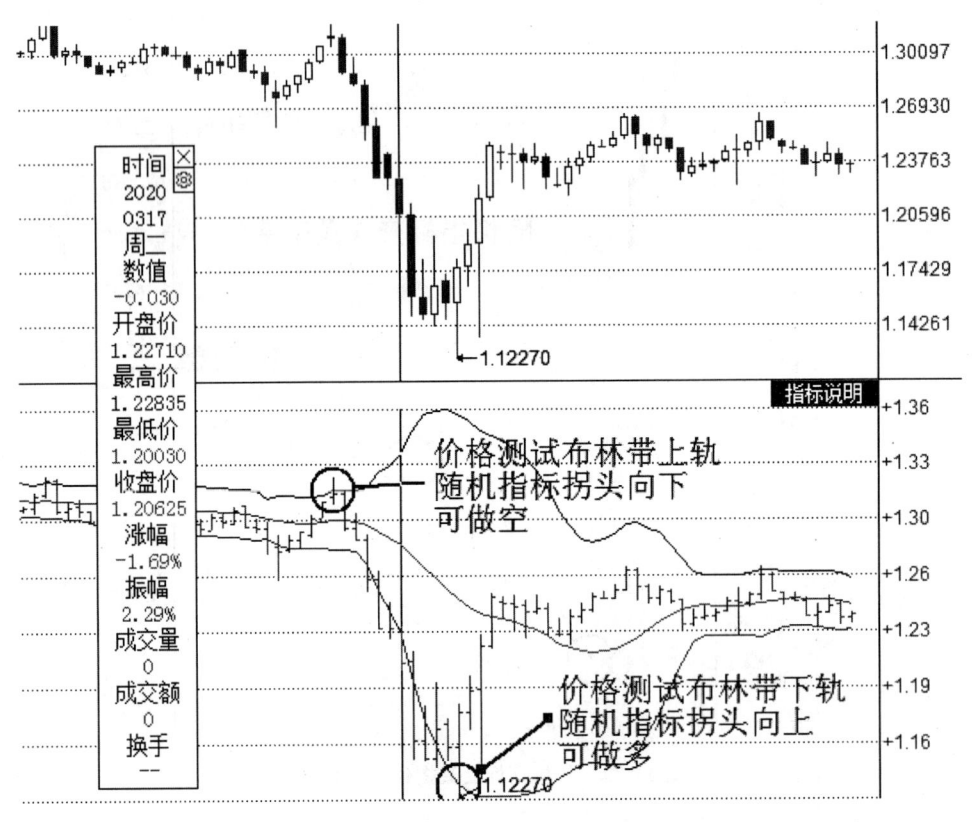

图3－23 布林带的默认设置

七、优化指标

技术指标的默认设置通常是通用的，一般来说，交易员会对指标进行默认设置。不过，这些设置是可以改变的，很多交易员喜欢没有缘由擅自改变设置，类似时间周期这种细微的改变一般不会出现较大的争议。小的时间周期对价格波动更为敏感，而大的周期则更为平滑。那什么是最佳设置呢？举个例子，慢速随机指标中的5、3、3是否有比默认设置14、3、3更好呢？要回答这个问题，需要进行回溯测试或对程序进行优化。

许多平台和图表都可以对默认设置进行优化，优化指标的第一步就是确定时间周期，如果回望周期过长，那么可能优化的是不复存在的市场行情。在外汇交易中，地理、政治情况经常会发生变化，这意味着优化时选择的回望周期必须是最近的，比如

1~3个月。同样重要的是蜡烛图的时间周期的选择，比如 15 分钟的蜡烛图，周期是一天还是更短？交易员进行优化时还面临着其他的挑战，其中一个重要的挑战是止损，即使某一交易周期内的设置被优化到最佳，止盈和止损的不同还是能影响最终结果。

在把交易思路运用于实盘交易前，你应该进行回溯测试。为了适应市场的实时性，人们经常建议第一步进行模拟盘交易，而进行回溯测试将节省非常多的时间。从定义上来说，回溯测试就是把你的交易思路放在过去进行模拟。当交易规则建立后，开始在一段时间里严格遵守交易规则进行交易，这个时间序列就是测试交易系统的日期和时间的组合。适应度函数可以用来比较不同系统，并优化系统参数。

第六节　外汇交易技术分析的价格形态

与单根或多根蜡烛的形态不同，外汇图的形态通常呈现出各种形状，这些形状由相对非常长的一系列柱体或蜡烛生成。从金融绘图开始出现时起，技术分析师就对其中的一些形状进行了分析，并根据它们来交易。一般来说，当论及图表和技术分析时，大多数人经常想到的也许是最流行的技术形态——头肩顶（bead-and-shoulders）。尽管头肩顶形态是一个可靠且值得信赖的形态，但还有很多为交易员所广泛使用的其他可获利的形态。

我们可以按照图形形态最常见的角色来对它们进行分类，即中继形态，或是反转形态。当然，一个中继形态可能并不是总起中继形态的作用，它有时可能会起反转形态的作用；反转形态亦是如此。只是出于分类的目的，这些形态可以根据它们最常见的状态进行划分。

对绝大多数图形形态来说，技术分析师和交易员要么认为它们是上涨突破，要么是下跌突破。一旦这些形态被打破，这通常是一个按照突破方向进行交易的触发器。如果这是一次假突破，价格将很快回到它突破的形态中去，而这就是适当的风险管理发挥作用的时候了。我们可以很容易地知道当一个形态被突破时应该在哪儿设置止损点，突破被认为是假突破或不在有效位置（通常是回到突破之前的位置），就是应该设置止损点的位置。

接下来，我们将对外汇交易中最常见的图形形态的基本结构进行介绍。

一、反转形态

如图 3-24 所示，展示了最常见的反转形态。

双重顶（double top）和双重底（double bottom）都是经典的反转形态。顾名思义，当价格在一个主要的上升趋势之后接连两次达到同一价位或相接近的价格高点时，就出现了双重顶，这两个波峰被一个波谷分隔开来。当价格接着突破波谷的最低点（支撑位）

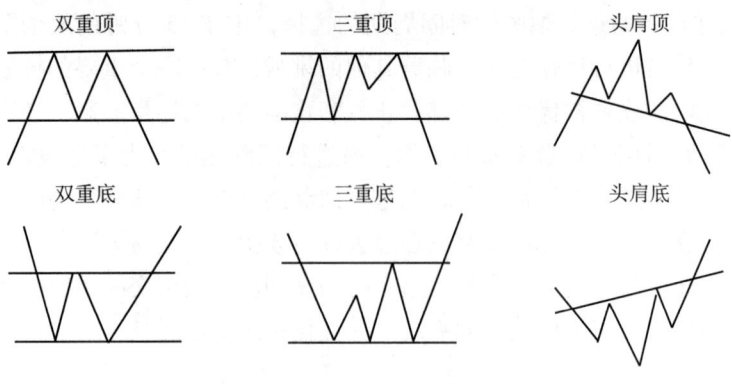

图 3-24 反转图形形态

时，就出现了一个卖空信号。当价格在一个主要的下降趋势之后接连两次达到同一价位或相接近的价格低点时，就出现了双重底，这两个波谷被一个波峰分隔开来。当价格接着突破波峰的最高点（阻力位）时，就出现了一个买入信号。

三重顶（triple top）和三重底（triple bottom）也是经典的反转形态。当价格在一个主要的上升趋势之后接连 3 次达到同一价位或相接近的价格高点时，就出现了三重顶，波峰都被波谷隔开。当价格接着突破最低的波谷（支撑位）时，就出现了一个卖空信号。当价格在一个主要的下降趋势之后接连 3 次达到同一价位或相接近的价格低点时，就出现了三重底，波谷都被波峰隔开。当价格接着突破最高的波峰（阻力位）时，就出现了一个买入信号。

头肩反转形态（head-and-shoulders reversal pattemn）和三重顶底形态看起来很相似，两者的主要区别在于形态的中间部分不一样。在一个头肩顶形态中，中间的高点（头部）高于左右两边的高点（两个肩部）。而在一个倒置的头肩底形态中，中间的低点（头部）低于左右两边的低点（两个肩部）。连接头肩顶形态中的两个波谷点，或连接头肩底形态中的两个波峰点所得到的直线叫做颈线（neckline）。突破颈线是进行交易的信号。

二、中继形态

下面将要介绍的是一些外汇图中最常见的中继形态。如图 3-25 所示，展示了十分常见的旗形和三角旗形形态。

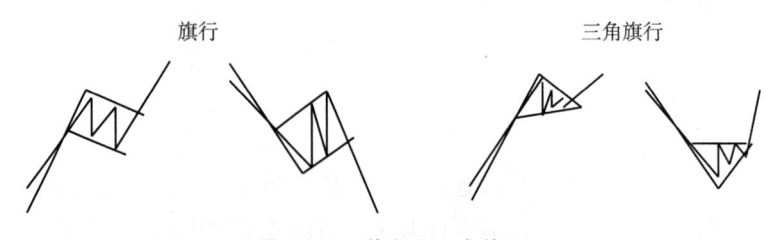

图 3-25 旗行和三角旗形

旗形（flag）通常是一种更小的、期限更短的中继形态，它的特点是价格在经过极度强势的走势之后经过一段长方形整理过程，再继续按出现旗形之前的方向强势变动。交易信号出现在价格向上/向下突破旗形的长方形的时候。

三角旗形（pennant）和旗形非常相似，它通常也是一种更小的、期限更短的中继形态。但是价格在经过之前的强势走势之后，三角旗形形态形成了一个小的三角形整理区域，之后，价格将继续按出现三角旗形形态之前的走势变动。交易信号出现在价格向上/向下突破三角旗形的三角形的时候。与旗形一样，三角旗形在外汇图上也非常常见。

三角形形态通常也是中继形态，如图 3-26 所示，展示了主要的三角形形态。三角形是更大的价格整理形态，其特征是随着形态的形成，波动性逐渐降低。

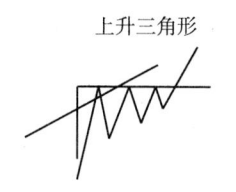

图 3-26 三种三角形形态

对称三角形形态（symmetrical triangle）的特征是它的三条边会聚在一起，而且没有任何一条边是水平的。一般来说，应该在三角形被突破的时候进行交易。

上升三角形形态（ascending triangle）也是常见的中继形态，通常被看成是看涨形态。它们一般在上升趋势中形成，是牛市中继形态。一个上升三角形形态的特征是底部线不断上升，而顶部线保持水平。一般来说，价格向上突破上升三角形的顶部阻力线是一个可能的买入信号。

下降三角形形态（descending triangle）也是中继形态，通常被看成是看跌形态。它们一般在下降趋势中形成，是熊市中继形态。一个下降三角形形态的特征是顶部线不断下降，而底部线保持水平。一般来说，价格向下突破下降三角形的底部支撑线是一个可能的卖空信号。

与对称三角形形态相似，楔形形态（wedge）的特征是两条边逐渐趋近，如图 3-27 所示。但是，与对称三角形形态不同，楔形形态的两条边都将朝同一方向倾斜。因此，一个上升楔形的两条边都将向上倾斜，而一个下降楔形的两条边都将向下倾斜。上升趋势后的一个下降楔形形态通常被看成是一个牛市中继形态，而下降趋势之后的一个上升楔形通常被看成是一个熊市中继形态。当价格向上或向下突破楔形时，交易信号被触发。

矩形形态（rectangle）与平行趋势轨道线相似，只不过它是水平的，矩形是一个受两条平行线约束的水平交易范围，价格在这两条平行线之间上下波动，如图 3-27 所示。矩形经常起到暂停某一趋势的作用，因此通常被看成是中继形态。要形成这种形态，价格至少要分别接触顶部水平线和底部水平线两次。当价格向上或向下突破矩形时，

图 3-27　楔形形态和矩形形态

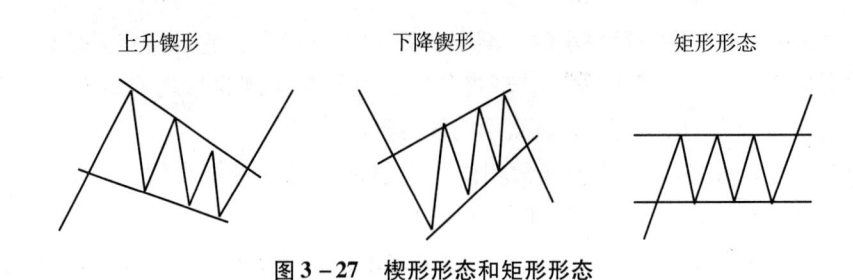

交易信号被触发。顺便提一下，如果矩形高度够高，它也可以作为一个交易区间，在支撑线（底部平行线）做多，在阻力线（顶部平行线）做空。

以上我们介绍的这些图形形态，如果作为对技术交易形态的全面研究，是远远不够的。但是，它们代表了外汇图中最重要和最常见的形态，因此它们是图表形态分析的基本方法。

第七节　外汇交易技术分析的 K 线图形方法

一、K 线的基本形态

K 线的基本形态分析可以分为阳线基本形态分析、阴线基本形态分析和十字线基本形态分析三大类。其形态、名称以及形态意义分别如表 3-1、表 3-2 和表 3-3 所示。

表 3-1　　　　　　　　　　　　阳线基本形态

基本形态	名称	形态意义
	大阳线	开盘价与最低价相同，收盘价与最高价相同，没有上下影线。表示市场内多方占据着绝对的主力，涨势强烈
	大阳上影线	开盘价与最低价相同，小段上影线。汇价试图创下高点，但上方卖出压力沉重，汇价回落。此形态表示多方占优，但上方价位卖压很大，有反转的意味。上影线越长，表示卖压越大，反转意味更大
	大阳下影线	收盘价与最高价相同，小段下影线。汇价小幅下探即被拉回，表示多方力量占优，下档买盘强劲。下影线的长度越长，表示多方力量越强
	下影阳线	下影线很长，至少是阳线实体长度的 2~3 倍。此形态表示多方处于优势，并且有多方买盘不断加入，推高汇价。此形态如果出现在近期汇价底部，是强烈的反转信号

续表

基本形态	名称	形态意义
	上影阳线	上影线很长，至少是阳线实体长度的 2~3 倍。此形态表示多方仍处于优势，但已经处于强弩之末，是强烈的反转形态。此形态如果出现在近期汇价顶部，反转意义更强
	小阳线	上下影线长度基本相同。此形态表示多空双方争夺激烈，多方仍占据一定优势，但空方的力量不可小视

表 3-2　　　　　　　　　　　阴线基本形态

基本形态	名称	形态意义
	大阴线	开盘价与最高价相同，收盘价与最低价相同，没有上下影线。表示市场内空方占据着绝对的主力，汇价持续走低
	大阴上影线	收盘价与最低价相同，小段上影线。汇价小幅上扬即被拉回，表示空方占优，上档卖盘强劲。上影线越长，表示空方力量越强
	大阴下影线	开盘价与最高价相同，小段下影线。汇价试图创下低点，但下方买盘压力沉重，汇价回升。此形态表示空方占优，但下方价位买方压力很大，有反转的意味。下影线越长，表示买方压力越大，反转意味更大
	下影阴线	下影线很长，至少是阴线实体长度的 2~3 倍。此形态表示空方仍处于优势，但已经处于强弩之末，是强烈的反转形态。此形态如果出现在近期汇价底部，反转意义更强
	上影阴线	上影线很长，至少是阴线实体长度的 2~3 倍。此形态表示空方处于优势，并且有空方买盘不断加入，推低汇价。此形态如果出现在近期汇价顶部，是强烈的反转信号
	小阴线	上下影线长度基本相同。此形态表示多空双方争夺激烈，空方仍占据一定优势，但多方的力量不可小视

表 3-3　　　　　　　　　　　十字线基本形态

基本形态	名称	形态意义
	十字线	开盘、收盘价相同，多空势均力敌。若此形态出现在顶部或底部，是强烈的反转形态；出现在长期调整时期，是强烈的突破信号
	十字线	开盘、收盘价相同，上影线比下影线短，多方力量占优。应密切注意后市 K 线形态的发展

续表

基本形态	名称	形态意义
┼	十字线	开盘、收盘价相同，上影线比下影线长，空方力量占优。应密切注意后市K线形态的发展
┬	T字线	开盘、收盘价相同。收盘价下方空方卖盘积极，此价位空方有很强的支撑。顶部出现此形态为强烈的反转信号
┴	倒T字线	开盘、收盘价相同。收盘价上方多方买盘积极，此价位多方有很强的支撑。底部出现此形态为强烈的反转信号
—	一字线	开盘、收盘、最高、最低价相同。此形态极少出现，若出现就是暴涨或暴跌的前兆

K线形式虽然众多，但把握以下三点至关重要。

（一）看阴阳线趋势走向

阴阳代表趋势方向，阳线表示将继续上涨，阴线表示将继续下跌。以阳线为例，在经过一段时间的多空拼搏，收盘高于开盘表明多头占据上风。在没有外力作用下价格仍将按照原有方向与速度运行，因此阳线预示下一阶段仍将继续上涨，最起码能保证下阶段初期能惯性上冲。故阳线往往预示着继续上涨，这一点也极为符合技术分析中三大假设之一，价格跟随趋势波动，而这种顺势而为也是技术分析最核心的思想。同理可得阴线继续下跌。

（二）看影线长短变化

影线代表K线即将转折的信号，向一个方向的影线越长，越不利于价格向这个方向变动，即上影线越长，越不利于价格上涨，下影线越长，越不利于价格下跌。以上影线为例，假设在经过一段时间多空斗争之后，投资的多头终于败下阵来。于是产生的行情不论K线是阴还是阳，上影线定点已经构成下阶段的上档阻力，价格向下调整的概率居大。同理可得下影线预示着价格向上攻击的概率居大。

（三）看实体大小判断趋势

实体大小代表内在动力，实体越大，上涨或下跌的趋势越是明显，反之趋势则不明显。以阳线为例其实体就是收盘高于开盘的那部分，阳线实体越大说明了上涨的动力越足。阳线实体越大代表其内在上涨动力也越大，其上涨的动力将大于实体小的阳线。同理可得阴线实体越大，下跌动力也越足。

通过对多根K线的观察，我们可以观察到不同的窗口形态、锤子线与上吊线等多种形态。

二、窗口形态

若第二天的最低价比第一天的最高价还高，或第二天的最高价比第一天的最低价还低，形成了价格之间的跳空，通常把这种形态称为"窗口"。窗口分普通窗口、突破窗口、持续性窗口。

（一）普通窗口

普通窗口通常在密集的交易区域中出现，因此许多需要较长时间形成的调整或转向形态，如三角形、矩形等都可能由这类窗口形成，如图 3 - 28 所示。

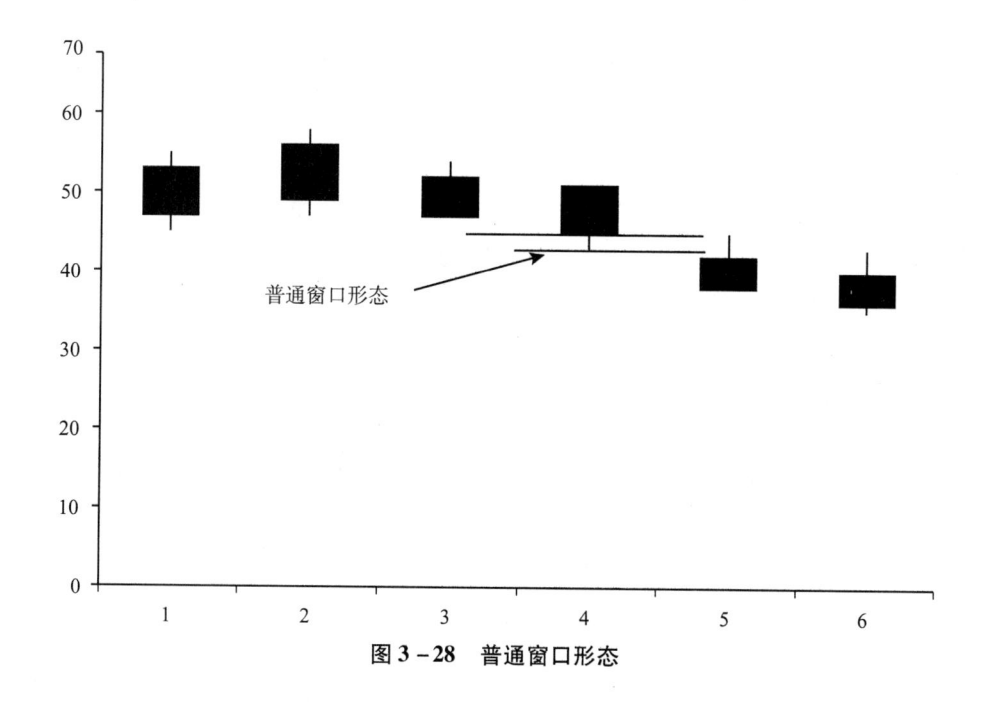

图 3 - 28　普通窗口形态

假设窗口发生前有大的交易量，而窗口发生后成交量却相对减少，则有可能不久窗口将被封闭；若窗口发生后成交量并未随着汇价远离窗口而减少，反而加大，则短期内窗口将不会被封闭。

（二）突破窗口

突破窗口是当一个密集的反转或整理形态完成后突破盘局时产生的窗口。当市价以一个很大的窗口跳空远离形态时，这表示真正的突破已经形成了。因为错误的移动很少会产生窗口，同时窗口能显示突破的强劲性，突破窗口越大，表示未来的变动越强烈，如图 3 - 29 所示。

图 3-29 突破窗口

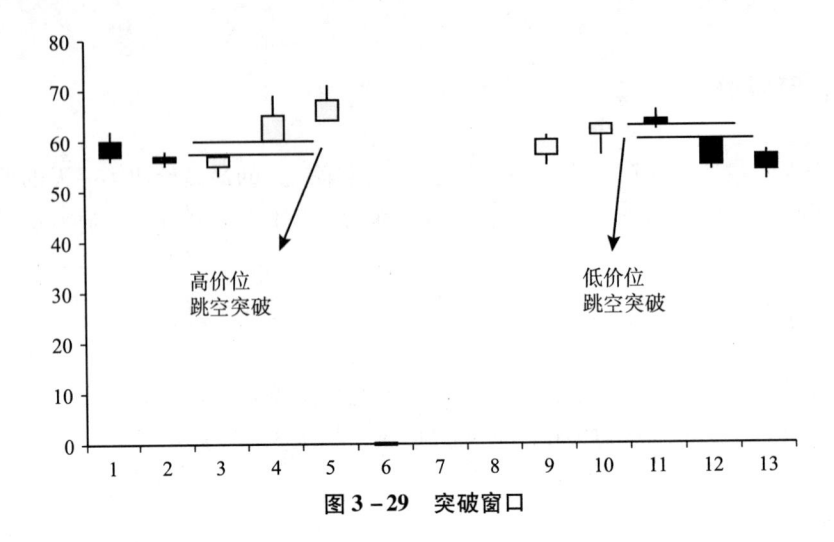

突破窗口通常有两种情形。

1. 高价位跳空突破形态

这是一个向上跳空的窗口，这类形态中，市场先是在最近形成的高价位上徘徊，后来才下定决心向上跳空，这个时候买进的时机已经成熟。

2. 低价位跳空突破形态

这是一个向下跳空的窗口，是从一个低价位的横向密集区处向下打开的。

（三）持续性窗口

在上升或下跌途中出现的窗口，可能是持续性窗口。这种窗口不会和突破窗口混淆，任何离开形态或密集交易区域后的急速上升或下跌所出现的窗口大多是持续性窗口。这种窗口可以帮助我们估计未来后市波幅的幅度，因此亦称为量度性窗口（如图 3-30 所示）。

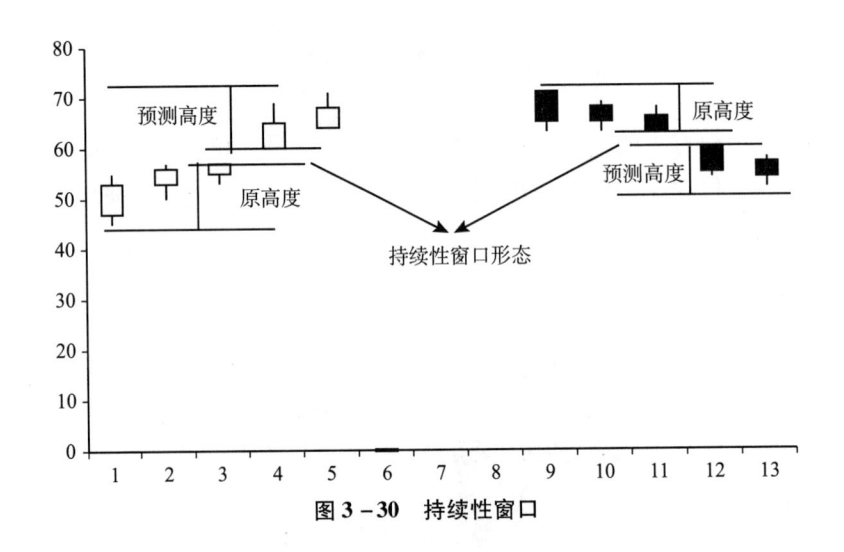

图 3-30 持续性窗口

其量度的方法是从突破点开始，到持续性窗口始点的垂直距离，就是未来市价将会达到的幅度。亦即市价未来所走的距离，和过去已走的距离一样。

三、十字星

由于汇市波动频繁，十字星未必形成标准的形态，常常出现收市价稍微高于或低于开盘价，通常称为阳十字或阴十字，在形态上与标准的十字星差不多。一般而言，无论是上升还是下跌的市场趋势，当十字星出现时，当日的成交量越大，市场趋势反转的可能性就越大（如图3-31所示）。

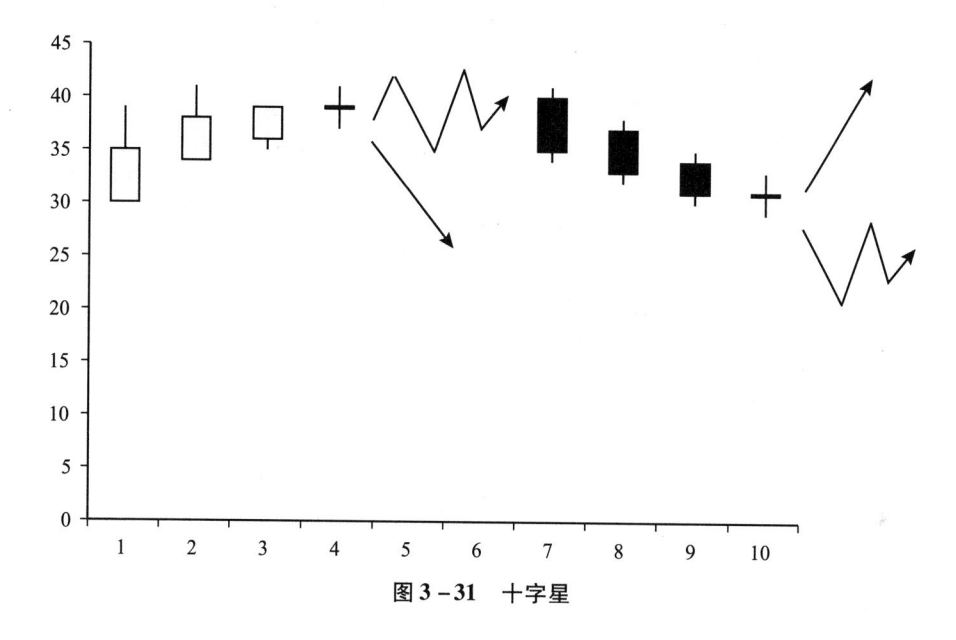

图3-31 十字星

（一）十字星形态特征

（1）十字星是一种特殊的K线形态，它表示这一时间段内汇价开盘价与收盘价相同，形态上表示为一条直线。此形态的出现说明多空双方争夺激烈，互不相让。

（2）上下影线的长度对十字星形态具有非常重要的指导意义，通常影线越长，表示多空双方争夺越激烈。行情一旦确认，汇价的趋势发展时间也会越长。

（3）十字星通常有两种作用，即确认行情和确认反转，两种情况下分别称为"整固十字星"和"反转十字星"。反转十字星的规模比整固十字星大（上下影线较长），多出现在顶部或底部。整固十字星形态较小，上下影线较短，多出现在趋势中部。

（二）形态意义

如果十字星上下影线较短，多出现在汇价发展中部，是整固十字星，可以考虑继续随着趋势交易;如果上下影线较长的十字星,都出现在近期汇价的顶部,是反转十字星,考虑反向交易。

四、黄昏之星

(一) 形态概述

黄昏之星由3个时间单位的K线组成,意味着大市可能见顶回落,其特征如下。

(1) 第一天必须是阳线,并且这根阳线处于上升趋势。

(2) 第二天是星形线(实体和上下影线都很小的K线),星形线本身是阴线还是阳线并不重要,重要的是实体与第一天的阳线实体之间存在窗口跳空。第二天的实体部分很小,汇价当天在很高的范围内波动。

(3) 第三天必须是阴线,阴线实体必须推入第二天星形线实体内部。若存在窗口跳空,则反转的意义更大(如图3-32所示)。

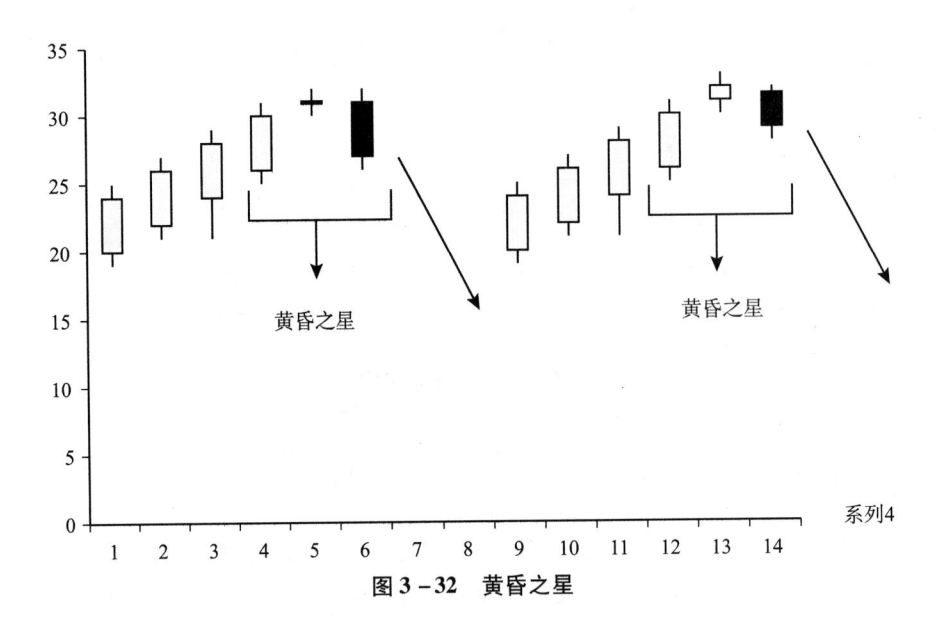

图3-32 黄昏之星

(二) 形态意义

黄昏之星是另外的一种重要的看跌反转形态,同样出现在上升趋势的末端,意味着当前的上升动力已经衰竭,趋势即将改变。黄昏之星的形态意义是被一根长阳线所加强的上涨趋势已经被接连两天的调整所遏制,第二天的十字星显示了趋势的不确定性。第三天的阴线收盘更低,反转趋势已经明显。

由于黄昏之星的形态意义通常是看跌的。在上涨趋势中,中间十字星线的出现是顶部的第一个危险信号,右面的阴线证明了趋势的反转。需要注意的是,此形态只有在上涨趋势中才能发挥其技术效力。在本形态中，右面的阴线插入左面阳线的程度越深，则顶部反转的程度越强烈。

五、黎明之星

（一）形态概述

在汇市中，黎明之星预示着前期一轮熊市即将结束，汇市将反转向上的典型 K 线组合。利用黎明之星的判断，投资者不但可以初步判断汇价是否是最后一跌，还可以找出空头出场和多头入场的理想价位（如图 3-33 所示）。黎明之星具有以下特征。

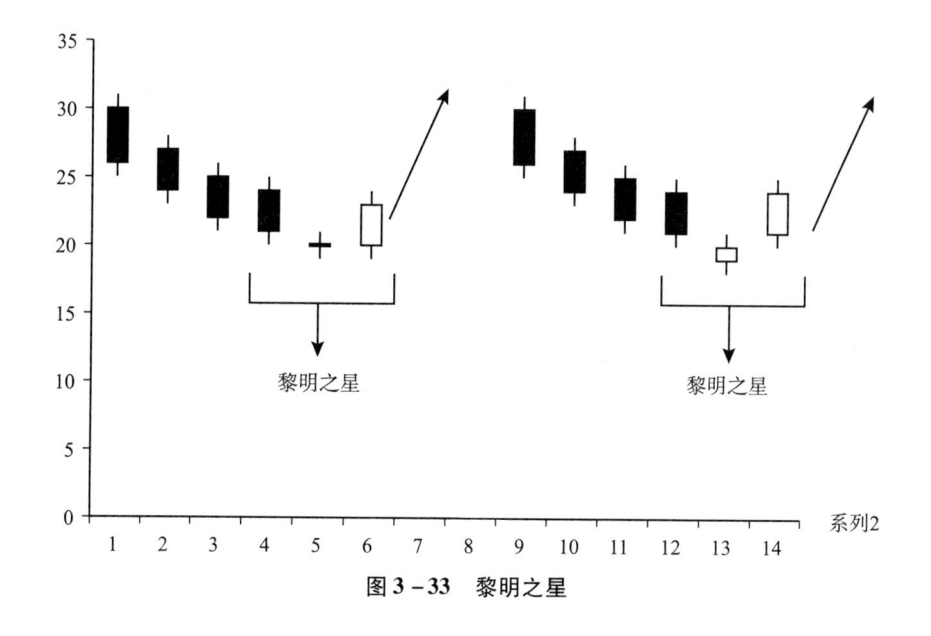

图 3-33　黎明之星

（1）汇价经过一段大跌之后继续下挫，并且由于恐慌性抛盘，出现大阴线。
（2）第二根 K 线继续向下跳空，但跌幅不大，尾盘汇价收出一根实体较小、上下影线较长的十字星。下影线越长越有代表性，构成星的实体部分不分阴阳。
（3）第三根 K 线收出根长阳线，并收复前两根 K 线的失地，表明市场发出即将有转势可能的信号。
（4）大阳线的开盘价最好是收在十字星的上方，并出现跳空缺口。

（二）形态意义

黎明之星的形态意义为汇价被一根长阴线所加强的下降趋势接连两天的止损回升所遏制，多数投资者认为市场底部正在构筑，做多者逐渐增加，推动汇价反转回升。黎明之星是一种行情见底转势的形态，这种形态如果出现在下降趋势中应引起注意，因为此时趋势已发出比较明确的反转信号,是一个非常好的买入时机。如果黎明之星出现在低位或者底部,投资者可以考虑中长线介入,只要汇价不跌破十字星的最低价即可继续持仓。

六、锤子线和上吊线

(一) 形态概述

外汇交易锤子线与上吊线是常见的 K 线反转形态,意味着汇市的走势即将发生变化。投资者要确定外汇市场的主要趋势,明白大方向。反转信号的方向与市场的主要趋势方向一致时,我们才可以依据这个反转信号来开立新的头寸(如图 3-34 所示)。锤子线与上吊线形态特征如下。

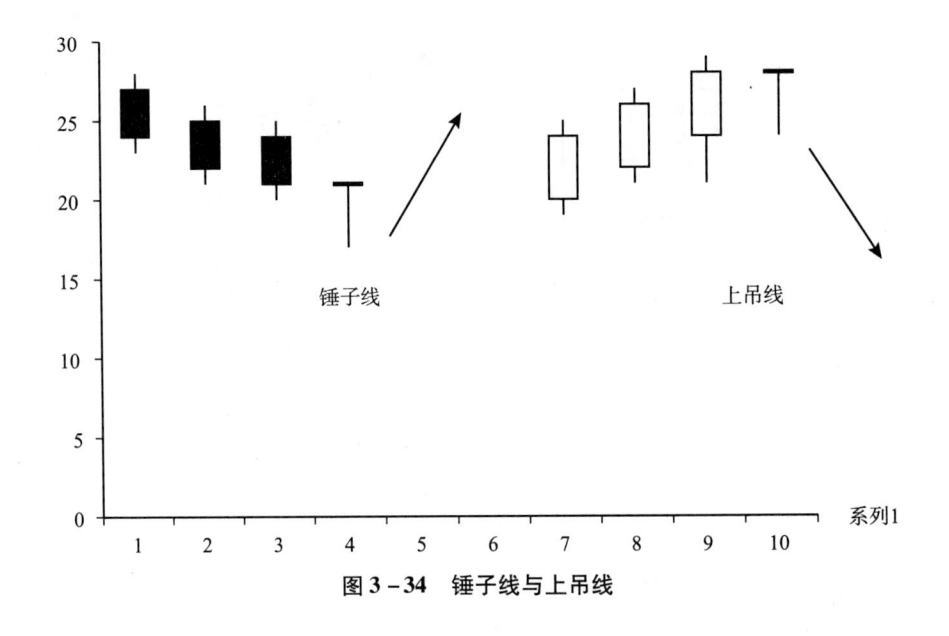

图 3-34 锤子线与上吊线

(1) 实体部分最高价及收盘价均在蜡烛图顶部,开盘价在最高价之下不远的地方,下影线明显过长,实体为阴线阳线无所谓。

(2) 锤子线和上吊线,应该没有上影线,但也允许有,必须非常短,一般认为下影线应是实体的 2~4 倍。

(3) 下影线越长,上影线越短,实体越小,这类 K 线越有效。

(二) 形态意义

根据锤子线或者上吊线形态,应判断其是否可靠,是否为反转形态,需要观看第二天走势是否配合反转,不可盲目建重仓进场,可以当日建轻仓试探,注意设好止损位;

上吊线看跌信号的确立，还应看其是在市场顶部，还是中继指标，若上吊线的实体与次日的开盘价之间向下的缺口越大，那么构成市场顶部的可能就越大；形成顶与底后，其后市有可能出现反转，即价格再度试探锤子线底部，只要不破最低位，锤子线见底形态依然有效；锤子线出现在近期市价的底部，表示汇价有可能回升；而上吊线出现在近期市价的顶部，表示汇价有可能滑落。

七、倒锤线和射击之星

（一）形态概述

射击之星和倒锤线两个形态几乎相同，都具有较长的上影线，较小的实体。但它们最大的区别就是：射击之星是出现在一个持续上扬的大市中，有见顶的可能；而倒锤线是出现在一段时间的下跌行情中，有见底的迹象（如图 3-35 所示）。射击之星和倒锤线特征如下。

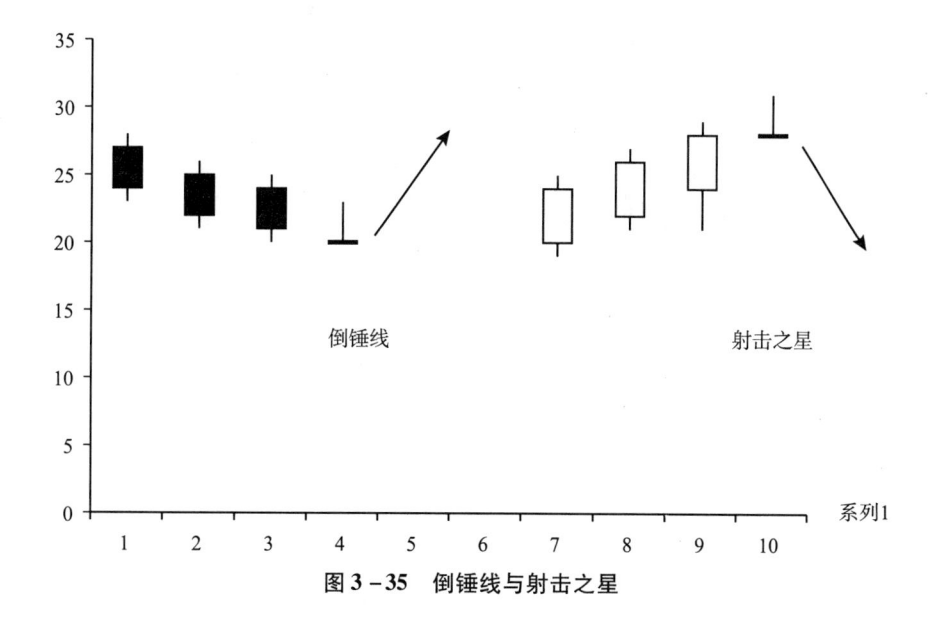

图 3-35 倒锤线与射击之星

（1）形态为上影线长，至少是实体的两倍；下影线没有或者很短。

（2）射击之星和倒锤线一样，对实体颜色的要求并不重要。射击之星实体为绿色（或蓝色），见顶信号更明确；倒锤线实体为红色，对价格做底的预示更强烈。

（3）在理想的射击之星和倒锤线形态中，应该有一个价格跳空缺口。射击之星为跳空高开走势，见顶可能性更大；倒锤线的第二天，如果价格跳空高开，见底意义更为明确。

(二) 形态意义

倒锤线出现在近期市价的底部，表示汇价有可能回升；而射击之星出现在近期市价的顶部，表示汇价有可能滑落。值得一提的是，倒锤线和射击之星的形态反转强度不如上吊线与锤子线大，此反转形态的确定，必须结合第二天的 K 线及其他分析指标验证。

八、看涨吞没和看跌吞没

(一) 形态概述

外汇交易当中重要的就是对趋势的跌宕起伏有一种理性的分析能力以及它们发生之后的应对能力，这在整个外汇交易当中是非常重要的。这点尤其适用于看涨吞没和看跌吞没的趋势分析（如图 3-36 所示）。

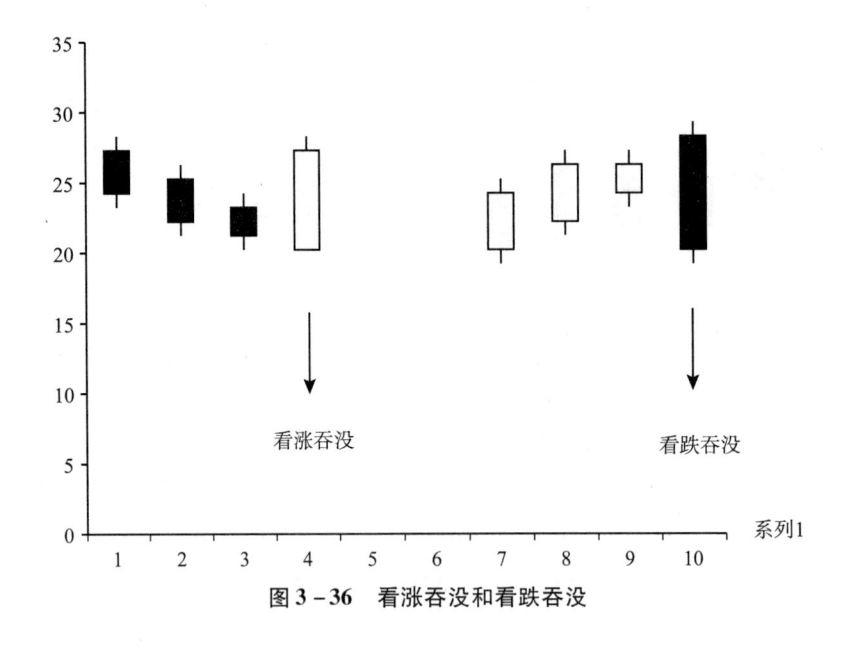

图 3-36 看涨吞没和看跌吞没

(1) 看涨吞没形态特征：在看涨吞没形态出现之前，价格运动必须处在清晰可辨的下降趋势之中，哪怕这种趋势只是短期的；必须由两根 K 线组成，其中第二根 K 线的实体必须覆盖第一根 K 线的实体（不一定吞没第一根的上下影线）；第二天的实体必须与第一天的实体颜色相反；第二天的实体伴有超额的交易量，属于暴涨现象。

(2) 看跌吞没形态特征：正好与看涨吞没形态相反；出现在一轮明显的上升趋势中；必须由两根 K 线组成，第二根 K 线实体必须覆盖第一根 K 线实体；第一根 K 线必须是阳线，第二根 K 线必须是阴线；第一天的实体非常小，而第二天的实体非常大，此情况说明原有趋势的驱动力正在消退，而新趋势的潜在力量正在壮大；第二天的实体伴有超额的交易量，属于巨量出货暴跌现象。

（二）形态意义

如果市价顶部出现看跌吞没形态，它是一种强烈的见顶反转信号，交易时应该多加注意，做好做空交易心理准备；如果市价底部出现看跌吞没形态，同样会有价格反转信号，做好做多交易心理准备。

九、上升三法和下降三法

（一）形态概述

上升三法特征（下降三法与之相反）：大阳线的形成代表了当前的趋势；大阳线后被一组小实体的K线相跟随，小K线可以是阴线也可以是阳线，包括星形线和十字星；小K线沿着市价趋势相反的方向或高或低地排列着，并保持在第一天大阳线的实体内；最后由一根大阳线确定了升势，汇价维持向上发展（如图3-37所示）。

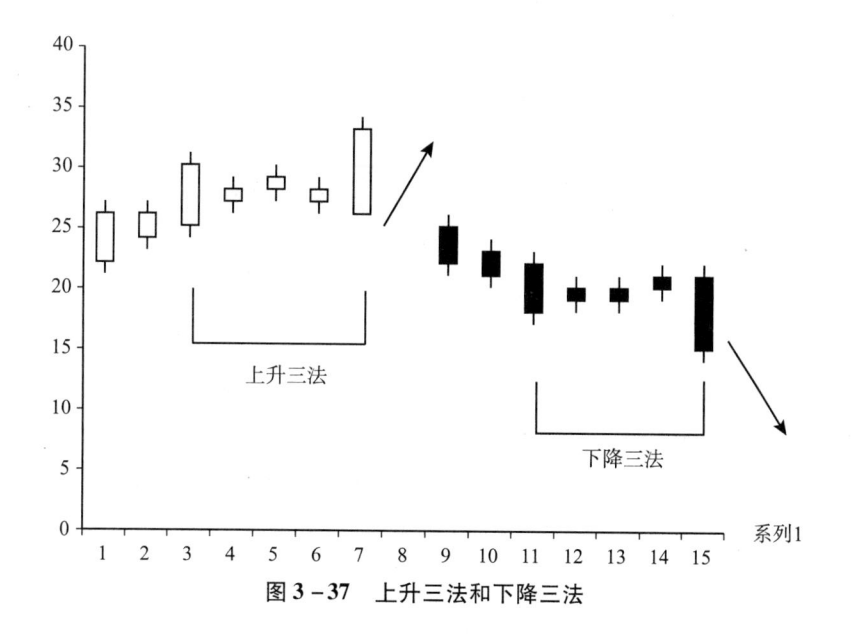

图3-37 上升三法和下降三法

（二）形态意义

上升三法的形态意义为（下降三法相反）在一个大阳线后，一组小实体的出现是对上升趋势的一种修正，消化压力，调整完毕后继续上行，可以考虑做多交易。

十、三连阳见顶和三连阴见底

（一）形态概述

三连阳见顶特征（三连阴见底与之相反）：在市场上升的顶部，第一天和第二天是长阳线实体；第三天开盘价位置接近于第二天的收盘价；第三天是小实体线并极有可能是星形线；如果几条阳线均带上影线，则反转的意义更大（如图3-38所示）。

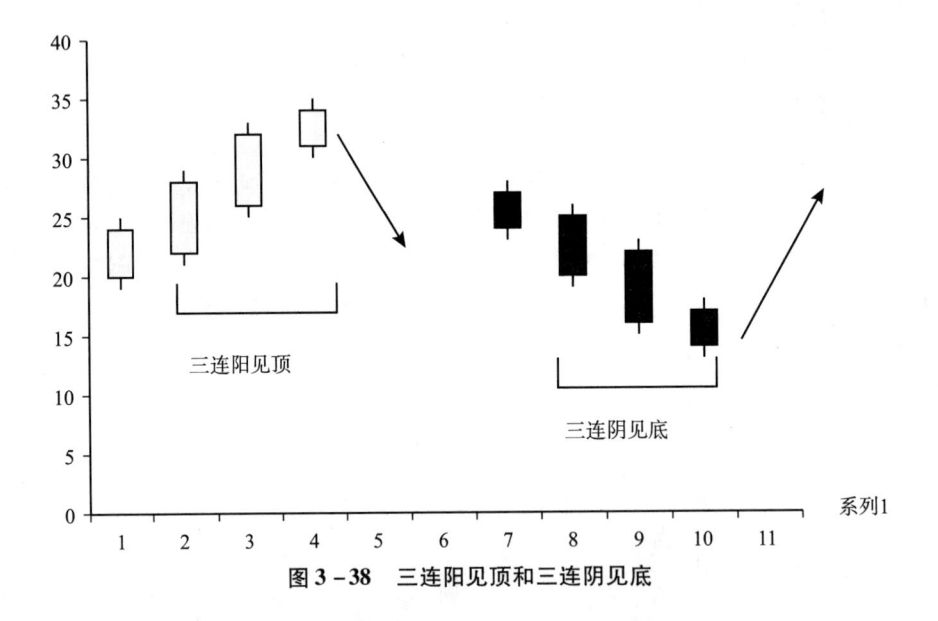

图3-38 三连阳见顶和三连阴见底

（二）形态意义

三连阳见顶的形态意义（三连阴见底与之相反）为：前两天大阳线创出新高，第三天是小实体线或是星形线，说明了趋势上的不确定性，有阻止汇价上涨的可能。不断加长的上影线及越来越小的阳线实体都表明了汇价上升趋势变弱，有下跌反转的可能。

第四章 外汇交易的方法和策略

本章主要介绍外汇交易的规则、方法和策略，结合外汇交易技术分析方法，进一步增强外汇交易的分析能力。

第一节 交易规则

把前面阐述的所有知识，尤其是关于基本交易机制、外汇交易基本面分析和技术分析的知识结合在一起，可以形成具有明确交易规则的交易方法和策略。仅有市场分析的知识，对有效进行外汇交易来说仍然是不够的。为了获得成功，每一个交易员都必须把市场分析的原则融入结构化、可操作的交易过程中去，这样才最有可能持续获利。这就是我们介绍交易方法和策略的切入点。

在学习本章的时候要记住一点，各个交易方法、策略、系统、类型之间的区别通常都非常模糊。比如，波段交易法和区间交易法之间有很多相似之处，头寸交易法和长期趋势交易法也是如此。每一种应对外汇市场的方法都有它自己独特的方向，但是它们之间也会有相当多的重合。总之，交易外汇的方法几乎和金融市场的交易员一样多，而且每一种特定的交易方法并不是总能被准确地归纳到某一种特定的类型中。本章将介绍一些已经经过时间检验的主要的外汇交易方法，并讲解如何应用这些方法。

需要注意的是，没有哪一种方法可以作为外汇交易永恒成功的方法和策略。事实上，在外汇交易领域并不存在永恒成功的方法和策略。没有哪种交易方法或策略能够百分之百地保证交易员能够获得成功并赚取收益。要说有什么好比永恒成功的方法和策略，那就是将许多因素结合起来，包括丰富的经验、广泛的市场知识、足够的风险资本、审慎的资金管理、良好的交易计划，以及有着正面预期的一流交易策略。在一定程度上，本书可以帮助大家学习其中最重要的一些知识，比如风险、资金管理、交易计划和交易策略。但是，显然经验和资本完全掌握在每个交易员自己手中。

下面将要介绍的交易方法和策略，将为交易员进行真实的、上手操作的外汇交易提供一个开端。有了本书中介绍的这些方法和策略，再加上从在线外汇经纪商那里申请到的免费实践交易账户，新手交易员就可以立即开始研究那些经验丰富的外汇交易员是如何在外汇市场上进行交易的了。我们强烈建议交易员在尝试将任何一种新方法应用于真实的资金账户之前，先在一个模拟实践账户中实践一下。再次提醒大家，要想在外汇交易中获得成功，仅有好的交易策略是不够的。任何一个交易员要想获得成功，都需要将许多积极的因素与好的交易方法或策略结合起来。

本书中介绍的外汇交易类型、方法和策略并没有按特定的顺序排列，我们将以最常用的三个外汇交易方法作为开端：头寸交易法、波动交易法和日间交易法。交易员一般都会根据自己的特点、经验、风险偏好以及其他因素来选择（或研究）一种方法。

第二节　头寸交易法：立足于长期

一、含义

头寸交易法是指持有一个朝一定方向变动的市场头寸，而且只要该交易符合趋势，就一直持有该头寸的交易法。这通常意味着该头寸要被长期持有。在快速变动、急躁的外汇交易领域，长期可能意味着短至一周或一个月，长至一年或一年以上。大多数以零售为基础进行外汇交易的个人，都没有耐心成为头寸交易员。这非常不幸，因为头寸交易可能是获利性最好的交易类型之一，许多货币往往在长期有非常好的趋势。通常来说，只有那些有耐心坚守趋势，并任由他们的利润不断变动的头寸交易员，才能够从这些更长期限的价格变动中获取丰厚的收益。

二、特点

与波动交易法和日间交易法不同，头寸交易法通常非常依赖于基本面分析，以及更长期限的技术分析。与处于超短期的新闻交易法也不同，头寸交易法的基本面分析通常是致力于预测更长期限的价格变动，而不是短期内价格的来回震荡，后者通常是技术分析所擅长的工作。基本面分析关注的是推动当前市场变动的经济条件。这些经济条件包括利率、通货膨胀和经济增长，这些因素都有助于判断一国货币将如何随时间而变动。货币价值长期的一般变化方向，是头寸交易员最感兴趣的事情。

头寸交易被看成是与趋势交易非常类似的交易方式。这两种方法的区别就是，两者强调的分析类型不同。头寸交易员可能在很大程度上依赖于长期基本面分析以及技术分析，而趋势交易员或趋势遵循者很多时候几乎完全是进行技术分析。当然，这绝不是精确的描述，但它足以描述这两种方法的一般特点。与此类似的，套息交易法指的是交易员为了从定期的利息支付和汇率有利的变动中获利，而持有利息为正值的头寸的交易法，它也可以看成是头寸交易法的另一种形式。

三、方法和策略

头寸交易员如何在外汇市场上准确决策其应该持有的头寸呢？虽然有许多因素和微妙要点可能会进入决策图，但基本概念还是相对简单。外汇头寸交易员通过观察大量的基本面和技术因素，来衡量各种货币的优势和劣势，然后他们就可以根据这些观点来建立头寸了。在这里，我们将集中讨论与头寸交易法有关的基本面因素。在趋势交易法一节中，我们将讨论技术分析。

我们假设有一个头寸交易员，他对货币相关的主要经济状况进行了连续的分析，并判断出在未来美元会表现出明显的基本面弱势，而欧元会表现出明显的基本面强势。这一结论可能源于某一数据，或来自两个国家或地区的多种信息，包括某一个银行主席对央行的评论、经济体中的通货膨胀压力状况、最近的经济增长率、即将发生衰退的可能性等。

在进行了正确的基本面分析之后，该交易员可能会判断他是否有足够的证据来支持美元会呈现整体弱势，欧元会呈现整体强势的观点，以及至少在接下来的6个月内这是否会是预期可能性最大的情形。头寸交易员要做的下一步是寻求建立欧元/美元货币对的长头寸，该头寸为交易员同时提供了欧元的长头寸和美元的短头寸。这种复合交易头寸符合该交易员对这两种货币的预期。

关于如何准确定位进入交易的最佳时间，以及如何设置管理风险的退出策略，这些最好是用技术分析来完成。但是，基本面分析就足以帮助我们确定头寸交易的长期方向了。

用基本面分析进行头寸交易的真正优势在于将强势和弱势配对这个概念。这个概念非常适合于外汇交易市场，因为所有的货币都是按对交易的，这与其他金融交易市场不同。对每一次交易来说，交易外汇都需要一个确定的方向，因而头寸交易的强势或弱势模型也许是进行长期外汇交易时最为合理的基本面方法。因为某种货币看起来将走强而买入这种货币，是一种好的交易方法。而因为某种货币看起来将走强而买入这种货币，同时因为另一种货币看起来将走弱而卖出该货币，是一种更好的交易方法。

外汇头寸交易过程的第一步，是对所有的主要、可交易的货币进行持续的基本面研究和分析，这可以通过仔细研究央行政策报告、对经济增长因素进行客观分析，以及紧密跟踪全球经济新闻来完成。当我们识别出了在任何时间点上未来前景最为乐观的货币和最为悲观的货币之后，这两个趋势相反的货币就可以配成一对。

比方说，在经过仔细研究的货币池中，我们假设在可预见的未来，澳大利亚元和日元恰好被认为是最可能的赢家，而加拿大元和瑞士法郎被认为是最可能的输家，则可以配对在一起用于进行头寸交易的货币对有澳大利亚元/加拿大元长头寸、加拿大元/日元短头寸、澳大利亚元/瑞士法郎长头寸和瑞士法郎/日元短头寸。当交易员在技术分析的帮助下进入这些交易之后，只要它们按照正确的一般方向变动，交易员就一直持有这些头寸，而不去理会那些微小的纠正式震荡和市场干扰。

从外汇交易纪律性交易的角度来讲，头寸交易可能是应对外汇交易市场最难的方法，尤其是对那些初涉外汇交易的人来说。这种方法需要交易员具有极大的耐心并相信自己的分析，而不能去理会那些难以避免的波动是否对自己已建立的头寸不利，而且它还需要优秀的风险和资金管理。如果管理得当，并且进入和退出交易的计划周详，这种交易类型可能会是从外汇市场获取长期收益的最有效的方法之一。

第三节 波段交易法：驾驭波动

一、含义

波段交易法是指根据市场上的波动或拐点来进行交易的方法。在任何金融市场上，随时间而发生的价格变动都是由无数个短期到中期的上下波动所组成的。不管市场是有明确的趋势（价格大体上朝一个方向变动）还是在价格区间内来回震荡（价格窄幅变动），都会发生价格波动。而波段交易员就是要充分利用这些波动来赚取收益。

二、特点

波段交易法也是外汇交易中最为流行的方法之一，它与头寸交易法几乎在各个方面都有着显著的区别。其中最大的区别是，波段交易员一般会忽略基本面信息而几乎专门运用技术分析。只有当波段交易员查看基本面新闻发布时间表，以避免在经济数据发布而引起市场波动的时期进行交易时，他们才会关注一下基本面信息。

波段交易法与头寸交易法的另一个显著区别是交易的一般期限不一样。只要趋势保持不变，头寸交易员就会试图充分利用该趋势，而在该趋势最终耗竭之前，波段交易员会多次地进出交易。

但是，许多交易员都喜欢用每次交易的期限长短来严格定义波段交易。有人可能会认为理想的交易应该是持有 2~5 天，而其他人可能会认为应该是持有 1~4 天。这种观点极其常见，但却是被误导了。在这种外汇交易方法背后，比交易期限更重要的应该是该方法的目标和原则。波段交易的目标是利用市场上难以避免的自然上下波动，而不用管时间周期的长短。在定义成功的波段交易时，时间跨度相比交易时间的选择并不那么重要，时间的选择才是进行良好的波段交易的一个关键因素。在选择了良好的进入点之后，交易员接下来要确定的交易期间的长短，将由市场使特定波动持续多久所决定，而不是由主观上事先判断的期间所决定。

三、方法和策略

作为外汇市场上一个经典的技术方法，波段交易法使用了技术分析中最重要的一些工具作为它的主要分析工具。这些工具包括支撑和阻力线、趋势线、动能和波动性。有了这些工具，波段交易员就能在更大的趋势或交易区间中识别出短期的、可交易的拐点或波动，然后根据这些波动在短期市场上进行外汇交易。在一个趋势上，这可能意味着交易员可以在趋势上出现的回调点上进行交易。而在一个交易区间中，这可能意味着交易员可以在支撑和阻力线之间的价格上下震荡点上进行交易。在波段交易中使用的技术工具包括趋势线、水平支撑和阻力线、移动平均线和震荡指标。至于图形的时间周期，对波段交易员来说，最流行的一般是从 1 小时图（每一个蜡烛图代表 1 小时的价格变动）到 4 小时图和日图。

在波段交易法中，交易员可以根据技术分析定位每一次交易精确的进入点和退出点，在这些点上获得成功的可能性非常高。一个典型的波段交易，首先是交易员认知到市场将要出现一个拐点。这种认知可能被一系列不同的触发因素触发，不管它是一个达到了严重超买超卖的震荡指标，还是发生了价格震荡指标的背离，还是形成了反转图形形态，还是突破了趋势线，又或是价格达到了显著的支撑/阻力线。不管发生了一个或几个这样的事件，或有其他技术性迹象，交易员都会认识到市场可能会发生反转。

一旦谨慎的波段交易员有了最初的认知，他们就会立即寻找确认这种认识的依据。比如，如果某种背离迹象使交易员产生这样的认知，交易员就会检查是否有其他的形态，比如支撑/阻力线和震荡指标也可以证实市场将发生波动。如果确实找到了能够确认的依据，经验丰富的波段交易员就会考虑可能的进入和退出点（止损和获利了结目标），以便从风险/收益的角度来判断该交易的可行性。

如果在当前的交易条件下，风险/收益比率看起来不错，接下来波段交易员就需要决定交易的规模和杠杆水平，假设这些因素没有被事先确定。波段交易决策程序的最后一步将是决定用市价指令单还是止损/限利进场指令单来进入交易。同时，交易员还要设定止损和追踪止损指令参数，以及根据交易计划设定适当的利润目标。

对短期到中期的时间周期来说，波段交易法可能是一个能够从外汇交易中获取非常高的收益的方法。在每一个金融交易市场和每一个图形时间周期中，价格波动都是非常常见的。所有的市场都会发生这种自然的上下波动，不管是一个有趋势的市场，还是一个在区间内小幅震荡的市场。而且，对于典型的波段交易来说，以止损指令的形式进行风险管理控制，以及决定最优的风险/收益参数，都可能是非常准确而又简单的。

第四节　日间交易法：日进日出

一、含义

绝大多数刚开始进行外汇交易的交易员都用日间交易来试手，这也许是因为这种交易类型通常是各种不同的交易类型中最令人激动且步调最快的。在外汇市场上，虽然有很多用日间交易法来进行外汇交易的交易员能够持续获利，但是这种方法绝非看上去那么容易。

日间交易法通常是指在一个交易日内进入和退出头寸的交易法。这意味着很少有交易员会将头寸持有到下一个交易日，也意味着日间交易员必须在最短的图形时间周期上（通常是从1分钟图到5分钟图、10分钟图、15分钟图、30分钟图，以及处于这些时间周期之间的图形）的快速价格变动中获取少量收益。偶尔，1小时图也会被用于日间交易。

二、特点

只有当交易员拥有了必要的原则、技术和资金管理技能，能够克服这种交易类型会遇到的可怕困难时，这种在最短的时间周期上进行的交易方法才会表现良好。短期日间交易一个非常大的困难在于，每一次交易的利润目标都只有少量的几个基点，这使得买/卖利差成为一个非常大的阻碍因素。比方说，如果一次日间交易的利润目标是大约20个基点，3个基点的点差就立即对目标利润造成了15%的障碍，这甚至在交易价格没有发生任何变动时就已经发生了。因此，日间交易员从一开始就有统计劣势。相反，3个基点的点差对波段交易60个基点的利润和头寸交易300个基点的利润来说，只是分别代表了立即对目标利润造成5%和1%的障碍。可以说，日间交易对那些有经验和决心的交易员来说，仍然是一个可行的外汇交易方法。

三、方法和策略

日间交易员所使用的技术非常多，通常这些技术都涉及对短期支撑和阻力线的突破。这可能意味着一个波动率低的交易区间的突破，或在活跃的外汇市场中（比如伦敦和纽约）开盘时的剧烈价格变动。

而其他时候，日间交易员将完全根据多个确认指标进行交易。比如，一个日间交易员建立长头寸的规则，可能是5个期间的指数移动平均线（EMA）要向上与20个期间的指数移动平均线交叉，还必须保证14个期间的相对强弱指标（RSI）超过30，而且平滑异同移动平均线（MACD）是向上的（注意：这些交易规则只是我们主观列举的一个例子，它并没有经过实际的检验，还不足以成为交易策略的一部分）。

因为日间交易可能是非常快速和密集的，交易员通常没有时间悠闲地进行市场分析，所以日间交易通常比其他交易类型更需要一些不需要交易员多加思考就可以遵守的正式交易规则。对超短期日间交易员来说，遵守一些清晰而简单的交易规则，效果通常会最好。进行快速思考和快速反应是他们需要具备的最重要的能力。

正如我们在前面提到的，日间外汇交易员通常将指标作为他们进行交易的基础。交易员可能会在他们的价格图上同时显示多个指标,比如移动平均线、布林通道或一系列其他指标。另外,他们还会加入一两个垂直地位于价格之上或之下的震荡指标,比如平滑异同移动平均指标,相对强弱指标或随机震荡指标。在使用这种交易方法时,外汇交易会变得非常简单和直接,交易员只需要等待各种指标都同时指示出相同的方向就可以了。这种交易方法虽然规则非常简单,但操作起来却并不容易。想要依据指标进行外汇交易,需要严格遵守一系列交易纪律,不能让情绪干扰交易过程。

除了根据指标进行交易,许多外汇交易员完全根据支撑和阻力线的突破来进行交易。为了表示出这些支撑和阻力线,这些交易员可能会在他们的外汇图中手工绘制出一些水平线,这些线表示的是不久以前价格在此出现了拐点或在此持续整理。这种直观的表示方法也许是描述潜在的支撑和阻力线的最为准确的方法。技术分析中的一个原理是,随着时间的变化价格会多次达到某些价格水平(也叫做支撑/阻力线)并在这些水平上发生反转。

其他流行的用于判断支撑和阻力线的短期日间交易方法包括支点、斐波那契回撤数列和趋势线法。日间交易员将使用从这些方法中得到的价格水平,来判断在这些线上到底会出现突破,还是会出现反弹。日间交易法对普通人非常有吸引力,因为它能够使人快速获得满足感。许多交易员都被日间交易不花多少力气就能快速获得收益这个充满诱惑的前景所吸引,实际上这个前景是算不得数的。当然,如果在良好技术的帮助下按照正确的方式进行外汇交易,并且风险/资金管理做得非常好,日间交易也可能会是一种获利丰厚的交易方法。

第五节　趋势交易法:顺势而动

一、含义

我们已经讨论过的日间交易法、波段交易法和头寸交易法是进行外汇交易的一般方法。而本节将要介绍的趋势交易法,能够让我们更深入地了解外汇交易员普遍使用的方法和策略。

趋势交易法,或遵从趋势法,与长期交易员所使用的一般的头寸交易法非常类似。正如我们前面提到的,两者最主要的区别在于它们通常所强调的分析类型不同。头寸交易员在决策过程中既使用技术分析也使用基本面分析,而趋势交易员一般几乎只使用技术分析。

二、特点

趋势交易的目标是当趋势的方向在技术上表现得很明显时,就按趋势进行交易,而且只要趋势保持不变就始终跟随趋势。当图形上出现明显的更高的低点和更高的高点时，完全追随技术性趋势的交易员可能会识别出向上的趋势。同样，当出现更低的高点和更低的低点时，交易员可能会识别出向下的趋势。趋势线和平行的轨道线通常用于在图形上描述这些趋势。

另一种测量趋势存在和趋势强度的方法是使用移动平均线，移动平均线的斜率可能会显示出现在的趋势是向上的、向下的，还是没有趋势。在进行趋势交易时，移动平均线也可以用于给出交叉信号。在使用这种技术时，如果价格向上与某一条特定的移动平均线交叉，它将是一个买入信号，而如果向下交叉则可能是一个卖出信号。或者，如果一条期限较短的移动平均线向上与一条期限更长的移动平均线交叉，它将是一个买入信号，而如果向下交叉则可能是一个卖出信号。移动平均线通常就是按这种方法来使用的，但困难在于它经常会提供错误的信号，这指的是连续出现一些无法获利的交叉点，也叫做锯齿（whipsaw）。

而另一种被广泛使用，但可能比之前两种方法效果稍差的测量趋势的工具是平均动向指标（ADX），这是一个反映外汇图上趋势的强度及趋势是否存在的震荡指标。还有许多其他指标和研究成果也被用于识别趋势的状况，但是我们这里提到的这三种方法可能是最为常见的。

三、方法和策略

在我们用技术研究识别和测量出了一个趋势之后，接下来要做的是识别趋势所处的阶段。显然，抓住趋势的早期和中期阶段要比只抓住趋势的结束阶段要强得多。虽然这三个阶段没有明显的区分，但是每一个阶段都可以按其具有的一般特征来加以分辨。

如果在一个十分清晰的下降趋势中，或是在价格横盘整理了很久之后，开始出现更高的低点和更高的高点，这可能是上升趋势正处在早期阶段的一个信号。审慎的趋势交易员可能更愿意选择避开在这些趋势变化的早期信号出现时进行交易。虽然从事后来看，这个阶段可能代表了最佳的进入点，但是在决策的时候存在诸多不确定性。

当趋势移动到中期阶段，将会有非常明确的证据表明价格在朝一个方向变动。许多趋势交易员都会在这个时候进入趋势交易，推动价格进一步朝该方向变动。从日间交易或波段交易的角度来看，这种在趋势的中期阶段进入交易的方式为时已晚。但是，从头寸交易和趋势交易的角度来看，它可能会被看成是一个合理的入场点，能够实现获取长期收益的目标。

当趋势到了最后阶段，多数大型市场参与者都已经建立了头寸，等着赚取收益。最后阶段可能是进入一个趋势的最坏时机。但是，交易员如何知道是否已经到达了这个阶段，趋势是否还有足够的动能继续向前呢？这个问题很难回答。在我们能够回过头来看，并在图形中指出趋势的末端之前，我们是没有办法确切地知道问题的答案的。但是，图形上将及时出现许多证明趋势接近尾声的线索，比如上升的趋势无法达到更高的高点（或下降的趋势无法达到更低的低点），价格持续整理，且波动性显著减弱。

一旦识别出了趋势及其所处的阶段，趋势交易员下一步的任务就是决定进场的时间和位置。对趋势交易员来说，做这种决策没有像期限更短的波段交易员和日间交易员那么关键。顺应长期趋势就是尽可能地从趋势中获利。所以，趋势交易员不会像短期交易员那样关注于如何选择最佳入场时机。但是可以说，进入时机越好，可能的获利前景就越佳。因此，趋势交易员一般都更愿意在趋势中获利可能性高的位置进入交易。

这将意味着要在上升趋势的低点，或整体上升趋势临时向下回调时买入。而在一个下降趋势中，则应该在高点或在整体下降趋势中出现暂时回升时卖空。这些区域就是具有很高的进场可能性的区域，原因很明显。在上升的趋势下，在价格稳步上升时"便宜"买入，对任何一种交易来说都是进行交易的最明智的方式。同样的一般原则对于相反的方向，也就是下降的趋势来说也是适用的。

一旦进入了一个趋势，该交易员就必须对头寸进行管理，虽然不需要像短期交易员那样管理得那么积极。这里需要记住的是，趋势交易的主要原则是让利润持续，同时输了钱必须尽快平仓，这是长期趋势交易的基石。对短期波段交易和日间交易来说，让利润持续并不是交易员关注的重点，因为这些类型的交易员擅长的是从相对较小的价格波动中获利。相反，趋势交易员获利的速度没有那么快。为了能使少数几次大的收益能够超过那些在上下波动的锯齿时期和错误的趋势变动中遭受的多次小的损失，这些长期交易员需要设定一个好的风险/收益比率。因此，当找到了一个好的、强烈的趋势时，趋势交易员就必须充分利用趋势的所有价值。

这意味着管理已经建立的趋势头寸的最好方法也许是使用追踪止损指令，不管是手动的还是自动的。这些动态止损位会追踪价格，以便当头寸在积累收益后锁定利润。有了自动追踪止损指令，交易员就会按事先决定的一定基点数来跟随市场。手动追踪止损指令通常是管理趋势交易的一个更好的方法。比如，在上升趋势中，交易员实际上将用手动的方法变动止损位。止损点每次变动的合理位置应该是在最后的波动低点的正下方。如果价格继续上涨，就可以锁定更大的收益，而追踪止损位也会逐渐移动到更高的点位上去。但是，如果价格向下突破了最后的低点，这是表示上升趋势正要结束的有力信号。手动止损指令就会让交易员快速地斩仓，实现之前所积累的所有收入。

除了使用追踪止损指令，其他管理趋势交易的方法包括按比例分批建仓和了结仓位。按比例建仓要求首先只建立很小的交易规模，等趋势进一步明确时再增加头寸。这可能是试水的好方法，它不需要在刚开始就完全保证不会出错。如果最初的趋势失败了，损失也不会很大。但是，如果趋势发展得很显著了，那就要快速建立完整规模的头寸。

按比例逐步了结仓位则正好相反。在已经建立起全部仓位并且有迹象表明趋势可能正在逐渐减弱之后，就应该陆续了结部分头寸。这种策略的逻辑是锁定并实现部分头寸的利润，而允许其他头寸继续利用进一步留下来的动力。

最后，如果由于价格触碰到了止损位（不管是固定的还是追踪的）因而证明趋势不复存在，或是交易员逐步按比例了结了头寸，那么在达到利润目标之后，就应该退出交易。在最初设定利润目标时，趋势交易员就应该将这种类型的交易的最小风险收益比率，以及图形上占主导地位的市场状况考虑进去。在长期趋势交易中，风险/收益比率设定得越高越好，而利润目标应该设定为最初的止损点的很多倍。根据定义就可以知道，这正印证了一句流行的交易格言："亏损时及时止损以减少损失，盈利时大胆放手以增加收益。"但是，市场将给予人们它需要给予的东西。换句话说，我们并不是必须设定一个高风险收益比率，因为潜在利润完全取决于市场条件。基于这一原因，对当前的趋势交易来说，追踪止损法通常要优于随意性更大的利润目标法。

进行外汇交易，趋势交易是最有效的策略之一。许多最成功和最著名的交易员，不管他们交易的是股票、期货还是外汇，都认为他们自己是长期趋势交易员。这也许因为趋势交易是抓住主要外汇价格变动的获利机会的最好方法，尤其是人们一般认为外汇市场是一个经常会有趋势的市场。

第六节　区间交易法：在高点和低点之间

一、含义

虽然外汇交易市场多数情况下会有趋势，但是当市场没有趋势的时候应该怎么办呢？最可能的情况就是进行区间交易。区间指的是那些价格上下起伏，却没有明显的方向性趋势的时期。有些人可能会将区间时期价格行为的特征总结为"窄幅波动"或水平波动。一般来说，这种无方向的价格变动是指在顶端（这是一条阻力线）和底端（这是一条支撑线）之间来回震荡。

二、特点

进行区间交易的机会就处在支撑线和阻力线之间的这段区域中。进行区间交易，首先要在一个水平的交易区间内识别出其中的拐点，然后在拐点上进行投资。这些拐点也被称为波段，因此区间交易技术通常是波段交易的一个重要组成部分。

虽然区间交易可能是一个流行的策略，但是有一些交易员，尤其是那些致力于跟随趋势的交易员，认为它是一种成功概率更低的方法，这主要是因为区间交易中价格上升或下降的范围受到区间另一边的限制。根据定义，区间交易员不会像趋势交易员那样，盈利时大胆放手以获得更大收益。虽然这么做没错，但是交易员通过给他们愿意交易的区间高度设定一个最小阈值，来增加价格可能的上升或下降高度。

比如，在外汇交易价格上形成的高度为20个基点的区间实际上是不值得进行区间交易的。这种区间类型最好留给突破交易，因为区间的高度太小，无法形成赚钱的区间交易机会，潜在的利润不足以补偿风险。但是，300个基点的区间却能够为区间交易员提供很多好的交易机会，这些机会是很有价值的。如果我们总是将止损点设置在最初进行区间交易的支撑或阻力线的下方，而利润目标（在区间的另一边）离止损点非常远，从风险/收益的角度来讲，这显然会提供一个成功可能性高的交易机会。因此，谨慎的区间交易方法中应该包含一些区间高度的最小值标准。

三、方法和策略

当价格两次大致触及支撑和阻力线之后，就可以确定区间的高度了。一旦确定了某一个可能的交易区间的高度，我们就可以开始准备进行区间交易了。大多数区间交易员都是用图形上最常见的水平线来表示区间的支撑和阻力线的，但也有些交易员会选择使用动态通道（其中最著名的是布林通道）来表示支撑和阻力线。在不需要严格定义上限和下限的区间交易中，像布林通道这样的工具当然会非常有用。但是，如果一个交易员选择使用布林通道，那么他还需要检查从通道正中间穿过的移动平均线的斜率，以确保通道确实是水平的或接近于水平。只有这样，区间交易员才能完全相信确实存在着一个水平区间。

在使用上面提到的其中一种方法证明区间已经形成之后，交易员接下来需要做的就是使用一个常用的震荡指标，比如随机震荡指标或相对强弱指标，来识别出支撑和阻力线上或其附近的可能拐点。最常见的方法是通过震荡指标来识别超买超卖，而超买超卖处则表明了一个可能的拐点。

除了震荡指标能够用来指示拐点外，另一个形成拐点的位置可以在区间内部的趋势线被突破的地方找到。虽然这种寻找拐点的方式需要有确认趋势线被突破的信号，这将导致进场交易的时间相对较晚，但它能提供非常有价值的证据，来表明区间内确实已经发生了反转。更近的止损点应该设置在趋势突破位的另一边，而不是设置在区间的支撑/阻力线的另一边。

当外汇市场处于没有可识别的趋势的时期时，区间交易可能是进行外汇交易的一种有效方法。在这些时期，价格可能会在支撑和阻力线之间来回波动，交易员必须要么使用与上述方法相类似的方法进行交易，要么等待这样的时期完全过去之后再交易。如果已经成形的区间有足够的高度，对于持续没有趋势的市场环境来说，进行区间交易可能是一种非常有效的方法。

第七节　突破交易法（反突破交易法）：射星

一、含义

区间交易试图在十分明确的支撑和阻力线的反转点上进行投资，而突破交易却恰恰相反，即当市场价格出现反转行情时跟原来趋势反向交易的策略。善于进行突破交易的外汇交易员，将他们的时间都花在了寻找支撑和阻力位的突破点上。

二、特点

对很多交易员来说，突破交易比任何一种交易方法都要合理，这是因为具有很强力量的突破可能会产生很多个基点的收益，且风险相对较小。许多交易员受其吸引，马上开始进行突破交易。但这些交易员很快就会认识到，这种方法也许并没有它看上去那么简单，原因是当今外汇市场上出现的很多主要突破点，通常都是假突破。假突破是指发生突破后没能持续就发生了反转，所有迫不及待要抓住机会的突破交易员都被套牢了。

这种性质的假突破通常有两种类型：第一种叫做"假动作"，在这种情况下，支撑/阻力线被轻微突破，但是等到多数突破交易员都被套牢之后，价格却掉转头并朝相反的方向变动。这种假突破近乎价格在稍稍突破了支撑/阻力线之后再次回到原来的状态；第二种假突破叫做未成熟的突破，在这种情况下，价格发生了程度很轻的突破之后，又掉转头朝反方向变动，最后再次反转并形成了真正的突破。对突破交易员来说，这两种假突破类型都非常令人失望。

外汇图上的假突破越来越多，针对这种情况，一些曾经进行突破交易的交易员会转过来进行所谓的反突破交易，与主要的突破背道而行。这种根据主要的变动趋势进行反方向交易的方法可能是一个非常危险的策略，但是如果进行适当的风险控制和资金管理，在很多情况下它也可能是一个有效的方法。

三、方法和策略

不管交易员是进行反突破交易还是突破交易，用来表示支撑和阻力线的技术都是一样的。最简单且可能最可靠的方法是在图形上手工绘制水平线，它们对应着之前的市场拐点。水平支撑和阻力位的形成是由于交易员对某一给定的价格水平有一致的记忆，不管他们一致认为该水平是相对较高还是相对较低。如果人们认为某一价格水平相对较低（支撑位），在这一水平上就会发生买入行为。相反，如果人们认为某一价格水平相对较高（阻力位），在这一水平上就会发生卖出行为。如果许多市场参与者进行了这样的交易活动，那么最后的结果一般就是在支撑和阻力位上发生反转。

因此，从前一个拐点处绘制一条水平线是合理的。交易员记得最清楚的相对价格水平，是在一个市场拐点处的价格水平。这是在很长的一段时间内，我们经常看到价格不断地在某一水平上出现反转的原因之一。

突破背后的逻辑其实是非常简单的。在正常情况下，价格应该会尊重之前形成的支撑和阻力线，但是如果有一股足够强劲的推动力量促使价格突破了某一给定水平，该突破就应该有足够的动能将价格推动到下一个支撑/阻力位。如果要挑战的突破水平已经存在了很长时间，或总是非常高或非常低，一直没有建立新的支撑/阻力位，那么我们就可以假设在进行突破之后，价格将达到离被突破的水平非常远的新高点/低点。但是，我们在假突破的情形中看到，这种假设并不总是成立的。

除了手工绘制表示支撑和阻力位的水平线的技术，还有很多其他方法可以用于突破交易，但这些方法产生的价格通常与水平线技术产生的价格不同。这些方法包括动态趋势线、图形形态支点、斐波那契回撤数列和移动平均线等。

不管支撑和阻力位是如何测量的，趋势交易这个概念都是非常简单且直接的。交易员一般都在实际突破点的下方进入突破交易，在避免出现假突破的目标与尽早进入以获得更大的潜在利润的目标之间进行平衡。

在突破点的下方设置一个固定的止损指令，如果价格触及了止损点，则证明价格变动是一次假的或不成熟的突破。能够直接地设置止损指令是突破交易的主要优点之一，因为它能够严格地控制反转的风险，同时提高交易的潜在风险/收益特征。

传统的突破交易法的一种非常重要和常见的变体叫做向上回升/向下回调。这种现象是指突破后突破力量逐渐减弱，使得价格再次朝原来的方向变动。向下回调指的是在向上突破后再次回到突破点，向上回升指的是在向下突破后再次回到突破点。在这两种方向下，如果突破是真的（这代表它真的具有方向性力量），价格应该触及突破点，并从此点位开始反弹，然后超过那个突破力量减弱且价格反转的点位。

如果真的发生了突破，价格会继续朝着突破的方向变动，就好像回调和回升都没有发生过一样。一些审慎的突破交易员会等待向上回升/向下回调发生之后才开始进行突破交易。这样做的交易员也许会错过一些潜在的交易机会（因为许多突破并没有回调或回升），但是耐心等待更好的交易位置通常是有回报的，它能减少风险。

与区间交易一样，突破交易也是外汇交易中非常流行的一个策略。外汇图上经常会发生突破。但是，判断突破的真假是运用这个方法的困难所在。突破交易本身的特性，也就是能够进行最优的风险管理控制（止损），使它成为一个非常直接且有益的方法，在外汇市场上运用这种方法交易，具有非常高的成功可能性。

第八节　形态交易法：玩形状游戏

我们已经在前面提到过，形态交易也许会被看成是突破交易的一种类型，这要根据所指的图形形态是哪一类来决定。在论及形态突破时，描述清楚哪些形态通常被看成是持续整理形态，哪些被看成是反转形态会很有帮助。这些描述并无规律，因为有些形态既可以是持续整理形态也可以是反转形态，或者都不是（比如突破后的持续整理）。但是从传统意义上讲，多数形态都担当了特定的角色，从历史的角度来看，它们在一定程度上是可靠的。持续整理形态指的是价格沿着原来的趋势的方向离开或打破原来的形态后的稳固状态，反转形态指的是价格沿着与趋势相反的方向离开或打破原来的形态后的稳固状态。

大多数在外汇图上常见的形态一般都被看成是反转形态，包括双重顶/底、三重顶/底和头肩顶/底形态。通常被看成是持续整理形态的形态包括：旗形、三角旗形、三角形、楔形和矩形形态等。

当价格在一个持续整理形态的一边接近突破点时，技术交易员需要耐心等待突破的出现。这时，应该按突破交易来处理，而且入场和止损指令的设置与标准的支撑/阻力突破交易相同。当价格在一个反转形态的一边接近突破点时，情况也是如此。但实际上，不管这些形态发生了哪种突破，不管是沿着持续整理的方向，还是沿着反转的方向，都是一个需要密切关注并可能存在交易机会的事件。

形态突破交易法的另一个好处是能够精确构造利润目标点。许多形态被突破后都有内置的利润目标点，著名的头肩形态就是一个很好的例子。在价格突破颈线之后，该突破点是典型的交易信号，通过测量从头部顶点到颈线之间的高度就可以得到利润目标的高度，然后从突破点处向下延伸到与之前所测高度相等的点位，就得到了利润目标点。同样，对于矩形整理形态来说，从突破点处向上或向下延伸到与矩形相等的高度，就可以得到突破后的利润目标点。三角形、旗形、三角旗形和其他图形形态也有非常方便的内置利润目标点。

日式蜡烛图形态一般是更小的图形形态，它们自身一般不足以形成交易信号。相反，蜡烛形态更多的时候是被用作一种确认交易的工具，需要与其他分析方法一同使用。比方说，在一个清晰可见的陡峭下降趋势之后形成了一个锤头线形态，其本身并不足以被看成是一个在低点买入的反转信号。但是，如果这个蜡烛形态刚好发生在已经形成的支撑位上，这个锤头线就代表了一个确认信号，在该点位上就能够做多。

在进场点和退场点的设置上，形态交易法与一般的支撑/阻力突破交易法非常相似，但它还有另外一个好处，就是能够设置明确的利润目标点。在外汇图上经常会出现各种形态，而且在所有时间周期上都能找到它们。通过勤奋地进行图形观察，任何外汇交易员都能够达到只要看一眼外汇图，就能观察到最复杂的形态交易机会的水平。

第九节　斐波那契和支点交易法：神奇的数字和自我寓言

一、含义

斐波那契水平和支点交易也与一般的支撑/阻力交易有很多相似之处。支持使用斐波那契水平和支点的人通常认为它们是完整、独立的交易策略。其实，这两种方法并不是结合在一起的，我们在这里将它们结合在一起是因为它们的交易和分析方式非常相似。

斐波那契和支点的水平价格点位可以通过不同的方法计算得到，但是它们都能产生用数学方法得到的支撑和阻力位，交易员可以将这些点位看作是可能的回撤拐点或作为观察突破的区域。

是什么让这些工具在不同的市场条件下表现得如此出色呢？一个重要的原因就是许多交易员都在他们的交易中使用斐波那契和支点。因此，从这些流行的工具得到的点位变成一种自我实现的预言。由于许多交易员都在观察这些价格点位，并根据它们来进行交易，因此这些水平附近经常会发生显著的价格变动，这一现象使得它们在描述市场变动方面经常是有效而又准确的。这个比率的倒数0.618，就是当今技术分析中常用的斐波那契百分比。很多现代图形工具都是以这些比率为基础的，这些工具专门用于分析价格图，其中最为流行的是标准斐波那契回撤工具。

最常见的斐波那契回撤百分比包括23.6%、38.2%、50.0%和61.8%。其中，后三个是交易员和分析师关注最为密切的数字。通常来说，你也许会听到分析师在财经新闻评论中宣称价格正在靠近38.2%的回撤水平，而且一些重大变动，比如拐点，可能正发生在这个关键水平上。这就是广为流行的斐波那契回撤交易法。

二、方法和策略

我们之前已经提到，斐波那契回撤数列通常可以用两种方法中的一种来进行交易，即要么是作为一次突破机会，要么是作为一个回撤拐点或反弹。两者都是可行的外汇交易方法，其内部都有内置的设置止损点的明确位置，与所有的支撑/阻力交易技术非常相似。另外，斐波那契水平也可以被用作退出交易的利润目标点。

与斐波那契回撤数列在外观和功能上非常相似的是支点。支点起源于其他金融市场，很早以前就已经出现了。它们是通过数学方法从前一日的关键数据点中计算出来的，这些关键数据点包括最高价、最低价和收盘价。主要的支点价格水平（标为"PP"）是通过取前一日的最高价、最低价和收盘价的平均值得到。从PP我们可以计算得到另外4个主要的支点，其中两个在PP的上方，另外两个在PP的下方。在该水平上方的是R1和R2，这里"R"代表阻力位；在该水平下方的是S1和S2，这里"S"代表支撑位。通常来说，这一支点结构可以进一步扩展到R3和S3。

下面我们将介绍最常见的日支点的计算过程。虽然在网上可以很容易找到支点计算器，而且许多绘图软件包的标准配置中都有这样的计算器，但是知道这些重要的水平是怎样计算出来的，仍然是很有用的。我们首先从前一日的关键价格水平计算中间支点，按照下面的计算公式，我们就可以继续从中间支点计算支撑和阻力位。

R3(阻力位3) = 前一日最高价 + 2 × (PP − 前一日最低价)

R2(阻力位2) = PP + (R1 − S1)

R1(阻力位1) = 2 × PP − 前一日最低价

PP(支点) = (前一日最高价 + 前一日最低价 + 前日收盘价) ÷ 3

S1（支撑位1）= 2 × PP − 前一日最高价

S2（支撑位2）= PP − (R1 − S1)

S3（支撑位3）= 前一日最低价 + 2 × (前一日最高价 − PP)

根据前一日的价格数据，交易员可以用这些计算公式来计算当日的相关支点水平，然后在外汇价格图上用水平线绘制出这些支点水平。在计算并绘制出这些水平之后，就可以用与斐波那契回撤数列相同的方式来使用了。突破点或反弹点可能都可以进行交易，而且它们经常被用作利润目标点。交易员也将支点作为参考水平，为现在的市场价格预期在当日内是相对过高还是相对过低提供一些指导。比如，如果价格接近当日的S2的水平，交易员也许会寻找做多的机会，他们会认为，按道理价格应该朝主要的PP水平附近的均值回归。

斐波那契回撤数列和支点都是非常优秀的技术分析工具，其本身经常会包含进场交易原则。虽然这些策略性交易方法多数时候是基于突破或反弹（不管反弹是从支撑位开始向上走，还是从阻力位开始往下走），但是它们也可以为其他外汇交易策略提供非常有价值的确认信号。两者都以追随者众多而著称，斐波那契回撤数列和支点之所以有效的原因通常只不过是交易员实际上在这些水平上进行交易。单就这一点而言，这些工具就足以成为交易员技术交易工具箱中一个非常有价值的组成部分。

第十节　艾略特波浪交易法：5/3浪形态

一、含义

和斐波那契理论一样，艾略特波浪理论也有众多的追随者。拉尔夫·纳尔逊·艾略特声称价格变动是可以预测的，而且还可以被归纳为一系列可识别的波浪。波浪的基本结构是由构成趋势变动的5个浪和构成修正（或反趋势）变动的3个浪所组成。而且其中的每一个浪又可以细分为更小的子浪结构，它们也遵循5/3浪形态，这取决于它们是处在大趋势上，还是反趋势的。因此，从不同大小的浪来看，它们都遵循5/3浪形态，无论是从最长的期限，还是从最短的期限来看，而且一个更大的波浪形态中包含的每一个波浪形态，也都包含许多更小的波浪形态。

根据其创始者的观点，艾略特波浪上的趋势形态主要有3个指导原则。在5浪趋势周期中，第2浪绝不会移动到最开始的第1浪之下，第3浪绝不会是5个浪中最短的一浪，而且第4浪绝不会进入第1浪的价格区间。除了这些需要严格遵守的原则，艾略特波浪理论还有很多细微要点，但它们已超出本书的范围。但是，知道实务工作者是如何看待每一个波浪在实际交易中的含义的，将能够使我们了解艾略特波浪交易员是如何在外汇市场上进行交易的。

二、艾略特波浪交易法

在实际中，根据艾略特波浪原则进行交易所要做的主要工作是识别市场拐点，不管这些拐点仅仅是主要趋势中一次微小的回撤，还是大的市场反转。在一个典型的5波浪主要趋势中，每一个波浪都代表了一定的市场心理。下面我们将对最容易识别的5波浪趋势中的每一个波浪的重要性进行阐述。同样的原则也适用于主要的下降趋势，只不过要反过来。

第1浪：在一个全新的上升趋势中，主要的市场参与者和分析师认为我们所谈及的货币对仍然在延续之前的下降趋势。因此，当发生了趋势反转时，要识别出实际上已经开始的新趋势将非常困难。在这个时候，买入活动非常少，只有逆市投资者开始在最低点或在最低点附近便宜地大举建仓。新的上升趋势中的最初变动将是股重要的推动力，当第1浪快要结束时，这种推动力会表现得越来越明显。

第2浪：在形成了朝新方向的最初推动力之后，第2浪开始形成，和其他时候一样，那些在第1浪中参与交易的人会获利了结。但是，这个修正浪不能低于第1浪的开始点。第2浪不仅代表了获利了结，这个修正浪也是由许多相信市场仍然陷于之前的上升趋势之中的交易员的交易行为所引起的。

第3浪：这一浪通常是5浪结构中最有力且最长的一浪。至少，它绝不能是最短的一浪。在整个这一浪中，交易员、分析师和媒体都越来越乐观，而且开始按货币对的新趋势进行交易。在第3浪快要结束时，广大投资者开始疯狂买入，这常常会快速而急剧地将货币对的价格推向新的高度。这一浪应该超过第一浪的终点。

第4浪：这一浪代表最后的推动之前的一次修正性回调，它一般没有其他浪那么强，而且经常会窄幅波动，成持续整理形态。许多艾略特波浪交易员都会将这一浪的终点看成是回调（或短暂下行）后建仓的好位置。这里建立的应该是一个长头寸，跟随最后一浪和主要趋势的方向。一个主要的规则是，这一浪绝不能进入第1浪的价格范围。

第5浪：这一浪是朝主要趋势的最后一股推动力。在这一点上，对该货币对的熊市情绪正在接近顶峰。分析师、交易员和媒体一般都会非常乐观，这推动了更多的买入行为。在这一浪的中间，许多交易新手被这种乐观情绪所感染，开始加入这一阶段的买入大军，如果他们之前还没有这么做的话。在最后这一浪中，只有反向操作者悄悄地开始让他们的头寸获利了结，并开始做多。这一过程所获得的动力将价格推到新的高点，并最终开始一个3浪的修正形态。

艾略特波浪交易法是最难掌握的策略之一，因为要想具备在不同的市场条件下有效地识别出各个波浪的能力，是需要进行多次实践并具备丰富经验的。但是，很多专业的艾略特波浪交易员都会同意这样的说法，即学会根据这些波浪来进行交易是获得丰厚回报的好方法。

第十一节　背离交易法：寻找市场拐点

如果使用方法正确，价格指标背离也会是一个有效的分析工具。很久以来，技术交易员和分析师都承认价格指标背离是指示可能要发生的价格反转的一个有力指标。当然，我们绝不能就此推断说背离总能预测反转，或甚至推断说它们多数时候能够预测到反转。但是，一个能被清楚识别的价格指标背离，尤其是在较长期限的图形上出现的背离，在许多情况下可能会准确得令人吃惊。而且，在正确的时间抓住一次大的价格反转可能会获得丰厚的利润，以至于只要有几次准确的背离就能够弥补难以避免的错误信号所带来的损失。

只要有两个基本要素，就可以在价格图上观察到价格指标背离。第一个要素是价格，第二个要素是某一个向上或向下与价格交叉的指标。第二个要素可以是随机震荡指标、相对强弱指标、平滑异同移动平均指标，或者其他任何一个类似的指标。当价格要素与指标要素之间出现了失衡时，背离就发生了。它们开始背道而驰，并开始表述相反的含义。这指的是指标强烈暗示价格可能正在失去它现在的动力，因此价格的变动方向可能即将发生变化。

比如，当价格达到一个更高的高点而指标却达到了一个相应的低点时，就发生了空头背离（这暗示将要发生向下的反转）。一个明显的空头背离信号暗示的是，价格可能很快就会发生反转并开始往下走，因为更高的高点处的价格失去了向上的动力并开始下降。当价格达到一个更低的低点而指标却达到了一个相应的高点时，就发生了多头背离（这暗示着将要发生向上的反转）。一个明显的多头背离信号暗示的是，价格可能很快就会发生反转并开始往上走，因为更低的低点处的价格失去了向下的动力并开始上升。

背离点通常被用来作为可能的拐点和反转的迹象或早期指标。它们很少独自作为一个成熟、独立的交易策略。但是，如果与其他交易工具结合起来使用，背离信号可能会成为帮助交易员找到大型市场拐点的一个非常有效的方法。

第十二节　多重时间周期交易法：选择时机就是一切

一、含义

另一个为许多外汇交易员所广泛使用的交易方法是多重时间周期交易法。按照这种方法进行交易，交易员必须首先观察一下较强的时间周期，比如月图或周图，以确定趋势的总体方向，如果存在方向的话。找到了一个关键的长期趋势之后，交易员只需要按照趋势的方式进行交易就可以了。

接下来，交易员应该开始研究更短的时间周期，比如日图或4小时图，以寻找趋势上可能的小幅回调点。我们在趋势交易法一节已经提到，在趋势上会有一些与趋势相反的变动，这些变动为我们提供了朝着趋势的方向进入交易的优势点位。比如，在一个强势上升趋势中，一次小幅的向下回调将很可能是一个成功概率很高的进入点，它能够让交易员以一个好的价格追上上升趋势。

最后，交易员可能会更进一步去研究更短的时间周期，比如30分钟图或15分钟图，以找出准确的入场点和入场时间。比如，如果在4小时图中，交易员在上升趋势上识别出了一次价格回撤，他就会进一步研究15分钟图，以便在最终建立长头寸之前等待趋势方向上出现一个阻力突破点。

二、方法和策略

多重时间周期交易法的效力如此之大的原因在于，它在让交易员找到正确的市场趋势的同时，还能让他们找出可能性很大的入场点。接下来，我们将介绍亚历山大·埃尔德博士（Dr. Alexander Elder）的三重检验法，也许你可以从中找到对多重时间周期交易法最清楚的介绍。

多重时间周期法解决了指标和时间周期之间的矛盾。通过使用跟踪趋势的指标，我们在长期图上得到了策略决策，这是第一重检验。而通过使用震荡指标，我们做出了关于中期图上的进场点和退场点的战术决策，这是第二重检验。它为我们提供了很多设置买入和卖出指令的方法，这是第三重检验，这既可以在中期图上实施，也可以在短期图上实施。

首先，选择你最喜欢的时间周期，这是你最想使用的图形周期，我们称它为中期。将它的时间长度乘以5，以得到你的长期时间周期。将跟踪趋势的指标应用于长期图，以得到做多、做空或袖手旁观的策略决策。袖手旁观是一个合理姿态。如果长期图是看涨或看跌，那就回到中期图并使用震荡指标在长期趋势的方向上寻找进场点和退场点。如果可能，在转向短期图之前设置止损和利润目标，以便将进场点和退场点调到最优。

埃尔德的三重检验法，是一个既简单又巧妙的多重时间周期外汇交易法。使用这种技术进行交易，交易员首先应该从一个合适的时间周期开始，比如一个4小时图，我们称它为中期。要得到长期图，中期图应该乘以5（4~6倍也许更有弹性，也更切合实际）。这样，长期图可能是日图（4小时图×6＝24小时图）。要得到短期图，中期图应该除以4~6。这样，短期图可能是一个1小时图（4小时图/4＝1小时图）。

在长期图中（第一重检验）需要关注一些跟踪趋势的指标，比如移动平均指标、平滑异同移动平均指标或趋势线，以决定是做多做空还是因为缺少趋势而不进行任何交易。在中期图中（第二重检验），应该使用震荡指标，比如随机震荡指标或相对强弱指标，来识别出一个可能会发生回调的进场区域。最后，在短期图中（第三重检验），需要在长期趋势的方向上寻找到一个支撑/阻力突破点，以找出准确的交易进场点。

第十三节　套息交易法：获取利息

一、含义

套息交易就是同时购买一种高利率的货币和一种低利率的货币，这为交易员创造了一个可以按日赚取的息差。套息交易主要是一种长期基本面头寸策略，它在试图赚取息差的同时，也承担了相当大的汇率波动风险。我们在本节将套息交易和技术分析结合起来，以减轻外汇波动风险。

套息交易的基本原理是，当投资者的风险厌恶不是非常高时，国际资本往往会流向利息收益更高的货币，这通常会导致这些货币出现升值，而利率更低的货币出现贬值。当然，这并不是一个规律，只是一种趋势，当整体市场情绪转为更加偏好风险时就会呈现这种趋势（当更加厌恶风险时，情况刚好相反）。

这里需要强调的是，息差有两个方向，如果某一交易的息差为负值，那么交易员购买敞口头寸的账户每日收取的费用很多情况下可能会变得非常高。这是因为不管交易员是支付还是收取息差，息差的数额都是以运用完全杠杆后的交易规模为基础，而不是以交易保证金的那部分数额为基础。比如，如果要建立一个完整的10万美元的头寸，杠杆比率为100：1，交易员收取或支付的息差将是完整的10万美元的百分比，而不是1000美元的保证金的百分比。如果某一交易在很长的时间内都保持敞口，息差可能会达到一笔不小的数额。

技术性套息交易是传统的买入并持有的套息策略的一个变形，它巧妙地在传统的套息交易中加入了技术分析。这种方法与传统套息交易的区别在于，前者有严格的进场标准，这些标准能筛选出成功可能性低的套息交易，这些交易的价格已经涨得过高。技术性套息交易是一个寻找最优交易进场点/退场点的简单策略，它能够降低汇率风险并将潜在的汇率利润最大化，同时还能利用传统套息交易按日收取利息的优势。

二、方法和策略

技术性套息交易的原理是，成功可能性高的策略会在长期支撑/阻力线附近建立长期套息交易头寸。因此，如果通过买入（做多）一种货币对能够获得一笔不小的正息差，那么成功概率最高的进场点就应该在长期支撑线附近。当货币对的价格接近长期支撑线时，根据历史经验来看，最可能的情况是价格应该会最终止跌反升。相反，如果通过做空一种货币对能够获得一笔正息差，那么成功概率最高的进场点应该在长期阻力线附近。

技术性套息交易的第一步是识别出那些息差足够高的货币对，以保证它们能够作为长期套息头寸。阈值也许应该设定在 300 个基点（或 3%）以上。但是，更为重要的事情是判断息差未来可能的方向，因为这将会对货币对的汇率前景产生很大影响。我们可以通过货币所属国家或地区的央行报告、经济状况、通货膨胀预期等基本面因素来分析利率的未来方向。

在考察完货币对当期和未来可能的息差后，技术性套息交易过程的第二步是进行技术性选择。在通过第一步挑选出一些货币对之后，交易员可能会再从其中挑选出那些当前价格处在它们的长期水平区间（接近支撑位）底部三分之一位置的货币对。当然，如果某一货币对进入了长期上升通道，交易员可能只会选择在价格接近通道的底部（也就是接近支撑位）时才进入多头寸。这里的主要原则是，只有当价格处在成功可能性高的位置时才进行交易，比如当接近支撑位时做多，接近阻力位时做空。

技术性套息交易过程的最后一步是执行交易。为了分散风险，以及避免对准确找出进场点的要求，技术性套息交易可能会使用分步进入法。这种方法是指使用规模很小的头寸分次进入长期套息交易。这些规模更小的头寸将被均匀地分布在一个支撑/阻力交易区域（比如在长期区间底部的 1/3 位置）中，以达到将风险分布在一个较宽的价格区间中的目的。以限利或止损指令形式设置退场点，需要使用技术方法。如果我们在支撑位附近建立了长期套息头寸，利润目标点位就应该设置在阻力位附近（比如在长期区间顶部的三分之一位置）。长期套息交易的止损点位应该设在长期支撑线的正下方，这和其他技术交易类型差不多。

技术性套息交易法就是要增加交易获利的可能性，同时赚取一笔可观的杠杆化利息。一般来说，好的交易都要在不稳定的环境下将成功的可能性最大化，而技术性套息交易策略在这一点上做得很好，至少它大大改善了传统的套息交易的获利预期。

第十四节　新闻交易法：密切关注新闻和经济数据

和套息交易法一样，新闻交易法也属于基本面分析。新闻交易法就是试图从市场对重大新闻和经济数据发布的瞬间反应中获利的交易法。

很多外汇新闻交易员都会在每一次重大新闻发布之前耐心等待，随时准备在出现机会时快速进行交易。这些交易员一般都已经记住了市场一致预期的数值，然后就观察即时新闻中公布的实际数值与一致预期的数值是否存在较大差距。如果的确差距很大，交易员就要根据实际数值与一致预期数值的偏离程度来决定交易的方向，并着手交易。如果一切准备工作都已就绪，交易员就可以在价格剧烈变动时进入交易，要么在变动的早期阶段，要么在变动的中期阶段。

有些外汇交易员使用了这种方法的变形方式，在价格对新闻做出反应的最初一段时间里他们只是观察和等待，因为他们认为这段时间是不可靠的。他们会在第二次反应时进入交易，第二次反应可能要么与第一次反应完全相反，要么是在第一次反应出现了回调和横盘整理之后继续维持第一次反应的趋势。这种方法也许比第一种方法更容易，因为这种方法的成功并不需要完全依靠进入的速度。

还有一种新闻交易员，他们将等待新闻的发布，然后通过技术性交易来达到快速获利的目的。这种方式的技术性交易需要分析超短期的价格图，准确找出支撑/阻力位和动力信号。这种超短期技术分析有它自身的一些问题和困难，但是如果被运用得当，它们能在新闻交易过程中表现得非常好。

一般来说，新闻交易法是最具挑战性和最困难的外汇交易法之一。但如果交易员具备了这种交易方法所需的全部工具和敏感性，当然是有可能从中获利的。

第五章　外汇交易的法则

本章主要介绍外汇交易过程中的风险管理和资金管理、纪律和哲学以及适当的交易计划等，为外汇交易形成一种良好的交易习惯。

第一节　外汇交易是有风险的

和其他类型的金融交易相比，在外汇交易中如果没有经验可能很难进行有效的风险管理。其部分原因是，与其他市场相比，外汇交易市场的杠杆率非常高，1元的保证金能够控制的交易量可以达到100美元甚至更大，潜在的利润被放大到了极端的程度，但许多初学者似乎很容易忘记破产的风险也同样巨大这一点。从正面的角度来看，高杠杆率当然很吸引人，但它也会诱使那些不慎重的交易员变得过于轻率和贪婪。正如我们很快将看到的，在某些时候，轻率和贪婪会不可避免地导致交易失败。

这就需要我们把资本保值作为成功的外汇交易员需要最先考虑的因素。我们对风险和资金进行管理的最终目标是，要确保在以后的交易口还能继续进行交易。否则，如果所有的资金都亏损掉了，交易也就彻底宣告结束了。许多经验丰富的交易员会严格遵守着这样的成功哲学：如果将所有的精力都集中于做好资本保值，赚取利润就不用操心了。

第二节　交易账户的资金越充裕越可靠

有很多重要的方法能让交易员逐步实现资本保值的目标。显然，第一步是要有足够的初始资本。但是多少才算"足够"呢？首先，它取决于一个人能够储蓄起来用于交易，而不会对他的生活产生实质性影响的资金数量。其次，它取决于一个人将要交易的头寸规模大小。如果仅仅是账户中有足够的保证金用于建仓，这是远远不够的，交易员还需要更多的资本才能够成功地进行交易。比方说，许多刚开始接触外汇交易的交易员认为，如果在100∶1的杠杆下，10万美元的1标准手的交易需要1000美元作为保证金，那么要进行该交易，账户中有1000美元的资金就够了。但是进一步想一下，就会发现这种想法是不对的。如果交易账户中的资金数量仅够满足某一给定头寸的最低资本金要求，该交易员可能很快就会面临灭顶之灾。

到底有多少资金才会被认为是"足够"和资金充裕呢？其准确数量要因交易员而异。但一个为很多谨慎的零售交易员所使用的一般性指导原则是，账户需要一直保有的资本金数量至少应是某一特定交易所需保证金的10倍。比如，如果一个交易员希望交易一个面值1万美元的迷你手，杠杆率为100∶1，需要的保证金是100美元，那么交易员的账户中应该至少一直要保有1000美元。同样，如果一个交易员希望交易一个面值10万美元的标准手，杠杆率为100∶1，需要的保证金是1000美元，那么交易员的账户就应该至少一直要保有1万美元。但这也只是一个一般性的指导原则，因为每个交易员的风险特征和风险偏好肯定是不一样的。

第三节　设定风险/收益比率

在战胜了第一个困难，有了适当的资本之后，交易员就要转为关注如何制定一个风险/资金管理计划，以达到资本保值的目标。该计划的一个关键因素是为止损和获利了结这两个目标设定不变的风险参数。这些参数的设定应该与风险/收益比率相一致。

风险/收益比率是一个简单的概念，它能很好地服务于账户的整体盈利性。虽然很难在每次交易中都获得最优的风险/收益比率，但外汇交易员还是应该尽可能地努力获得最好或最高的比率。比如，一个非常高的比率（如4∶1）意味着对于任何一个给定的交易来说，交易员预期获得收益的数量应该是其预期遭受损失数量的4倍。在现实中，这意味着假定一个交易员预期会遭受30个基点的损失，那么利润目标至少要设定为120个基点。风险/收益比率的影响是非常大的，如果这个比率很高，交易员实际上遭受的损失可能会明显超过他获得的收益，但是他仍然能够持续获利，这是因为他的平均收益比平均损失要大得多。高风险/收益比率这个概念正印证了交易员经常说的一句格言："盈利时大胆放手，输了钱必须尽快平仓。"

那么最优比率的准确数值是多少呢？在外汇交易中，要获得像4∶1那么高的比率是很难的，因为从一定程度上来说这个比率越高，失败的概率就越高于成功的概率，两者之间要有个权衡。固然，成功时获得的美元收益比失败时遭受的美元损失要大得多，正如我们前面所提到的，从长期获利的角度来看这当然非常好。但如果过于频繁地遭受损失，哪怕损失的数量相对较小，交易员所遭受的心理打击最终可能也会使其精神崩溃。一般来说，许多外汇交易员都愿意将风险/收益比率设定为3∶1，他们认为这一数值最为理想，这意味着每次交易的目标收益至少是损失的3倍。

虽然3∶1可能是最优的，但是在许多现实的交易环境中，争取能够达到2∶1也许更切合实际。要保证持续获得像这样好的比率，其技巧在于，将这些比率应用在十分有利的市场条件中。比如，如果在某一种货币对中识别出了某种图形形态，技术性交易员将需要在进行交易之前确保利润目标是止损位的 2~3 倍，这才是谨慎的交易。但是，如果交易员一味坚持不现实的高比率，这也许会导致其主动丧失太多的机会。最好的解决方法通常是采取折中的方法，风险/收益比率要够高，以便能够获得长期盈利；同时也要够低，以便能够符合现实市场环境要求。因此，真正的最优比率最终取决于每个交易员自身的实验研究，并要通过实际经历的检验来证明它是否是表现最出色的。

第四节　固定百分比

除了在风险和收益之间寻求适当的平衡，关注于资本保值的资金管理计划的另外一个重要环节是进行所谓的固定百分比资金管理。这通常是指交易账户资金总额的一个百分比，该数量是交易员在每次交易中愿意承担的风险数量。比如，某一交易账户中有 1000 美元，交易员一次交易了一个迷你手（1 万单位），每个基点的价值大约为 1 美元，那么一个占总资金 3% 的固定百分比计划在每个迷你手交易中的最高损失额为 30 个基点，超过这个数额就要止损了。这是为什么呢？因为如果该交易员希望将每一次交易的最大风险定为 1000 美元的 3%，也就是 30 元，且每个基点的价值大约为 1 美元，那么在每一次交易中，交易员能够接受的最大损失为 30 个基点。这就有必要设置止损点，对所有交易来说，从开始交易算起能够损失的最大数额为 30 个基点。为此，交易员必须设置这样的止损指令，当任何交易的价格低于交易进场点的数额达到 30 个基点时就进行止损。

人们普遍认为，固定百分比资金管理就是指为进行交易而放入账户的资金的百分比，其实它的真实含义通常是在每次交易中承担损失风险的资金占总资金的百分比，所以它与止损点的设置（以及头寸的规模）有关。因此，事实上，一个名义金额为 1000 美元的交易账户中的 100 美元是用做交易的保证金，并不一定意味着在此次交易中账户资金的 10% 都存在风险，只有止损点被设定在 100 个基点（每个基点的价值大约为 1 美元）时，才可以说这次交易中有 10% 的资本存在风险。

许多交易员不赞同采用固定百分比资金管理法，理由是这种方法会鼓励人们任意地设定止损点，而且这样设定的止损点通常与当前的市场和交易条件毫不相关。例如，对于在 1 小时图上进行的趋势突破交易来说，将止损点设定在 30 个基点可能是非常合理的；而对于在周图上进行头肩形态的交易来说，止损点设定为 30 个基点就不合适了。这是因为固定百分比只有在交易员设定资金管理要求时才运行良好，它并不适合所有的交易方式。

但是，如果固定百分比资金管理法被用作一个限制性的指导原则，而不是作为一个严格的止损值，那么它将可以有效地防止交易账户遭受自我毁灭的威胁。因此，交易员不需要为每一次交易设定一个准确（固定）的风险百分比，而最好放宽百分比并使它达到风险参数的最大值。比如，我们不应该建立一个固定的规则，强行要求每次交易遭受风险的总资本百分比刚好是2%。一个适应性更好的规则是，可以要求单次交易的止损点不能超过总资本的一定比率，比如总资本的4%。只要止损点没有超过事先规定的账户资金的最大百分比，就可以灵活调整（再加上适当的头寸规模管理），以适应当前的市场和交易情况。

第五节　追踪止损：忠诚的追随者

在通常情况下，止损是良好风险管理的一个重要组成部分。为了朝正确的方向前进，灵活地使用追踪止损策略可以使交易员有更多的底线。追踪止损指令是一个动态止损指令，当价格朝利好的方向变动时，止损点也会跟着调整到更高的点位。

例如，交易员在买入欧元/美元的同时，将追踪止损点设定为30个基点。这时，如果该交易的价格朝有利的方向变动（也就是上涨），止损点将始终保持在价格下方30个基点处。如果价格变动到比初始进场价位至少高30个基点，就能够有效地锁定进场后获得的利润，这个过程是由追踪止损机制自动完成的。在任何时候，只要价格下降30个基点，移动止损指令就会自动地斩仓止损。从理论上讲，如果没有设置利润目标，价格永远保持上涨，而且向下波动不会超过30个基点，那么交易员就可以获得无限的利润。当然，在现实的交易中，这种情况是绝不可能发生的，但是它充分说明了追踪止损可能的作用。

从风险管理的角度来看，追踪止损指令能同时自动实现斩仓以减少损失和盈利时大胆放手这两个要求。追踪止损指令能够确保对账户一直设有保护性止损指令，同时又能为我们提供一种锁定辛苦积累的利润的简单方式。我们既可以用交易平台上的追踪止损程序来自动设置追踪止损指令单，也可以进行手动设置，当价格朝着对交易员有利的方向变动时，合理提高敞口头寸上的固定止损点的位置就可以了。

第六节　交易头寸的规模很重要

与充足的资本、风险/收益比率，以及通过设置追踪止损位来进行固定百分比资金管理紧密相关的一个因素是交易头寸的规模。要做好资金管理，头寸规模是很重要的一个方面。事实上，充足的资本与合理的头寸规模是齐头并进的，两者一起帮助交易员控制风险，防止交易账户的资金被耗尽。

在零售外汇交易中有三个主要的头寸规模。资金最少的交易账户通常都进行微型或迷你手交易，它由1000单位的某一给定货币组成，其美元基点价值大约为0.10美元；稍微大一点的交易账户经常交易的规模是迷你手，它由1万单位的某一给定货币组成，其美元基点价值大约为1.00美元；更大一些的交易账户交易的是标准手，它由10万单位的某给定货币组成,其美元基点价值大约为 10.00 美元。而更大的交易账户也许会一次交易多个标准手。

多大的规模才是最优的呢?这完全取决于账户资金运用得好坏和交易员的特定风险特征。在计划交易规模和账户资金时,许多审慎的交易员会遵循一些粗略的指导原则。例如,在计划交易一个面值 10 万美元的标准手时,需要的保证金为 1000 美元(100 倍的杠杆率),则账户中的资本金可能至少需要 1 万美元。但这并不意味着拥有 1 万美元账户资金的交易员必须交易标准手。即使是对更大的账户,迷你手也是非常好的,而且实际上迷你手有很多标准手所不具备的优势。当资金货币单位不能取整时,用迷你手作为交易单位要比标准手更为灵活(例如,7 万美元交易 7 迷你手,但如果是交易标准手,则至少需要 10 万美元)。而且,迷你手能够容纳混合型小型头寸。

很显然,交易规模更大的手导致的一个最重要的结果就是它增加了每个基点的价值。基点价值较高的一个主要影响是,它会给交易心理带来很大的影响。任何交易员都知道只有很小的变动风险和很大的变动风险之间的区别,交易员通常在价格按每基点 1 美元的幅度变动时比在价格按每基点 10 美元的幅度变动时心情要放松一些,也更不容易做出草率的交易决定。

由头寸规模问题引起的过度交易,通常会要么迫使交易员放弃适当的资金管理原则,要么设置近得不切实际的止损点。这是因为要想保持相同的风险特征,基点价值较高必然意味着只有很小幅度的基点变动可以作为交易的缓冲垫。有关适当头寸规模的首要问题是,避免过度扩大账户资本金以及面临不合适的交易环境。

在风险管理领域,与头寸规模紧密相关的一个概念是多次部分头寸(multiple fractional position),这也是另一种帮助我们分散和控制风险的方法。多次部分头寸是把主要交易规模划分成很多更小的部分,这些规模更小的头寸可以同时进场,但是可以采取渐进的方式分别了结头寸,以保证当头寸朝获利的方向变动时能够锁定利润。比方说,如果某个交易员建立了由 10 个迷你手(而不是一个标准手)组成的长头寸,那么每当价格上涨时就会结清一个迷你手头寸,这样就能逐步地锁定利润。

利用多次部分头寸来分散风险的另一个方法是分次进场,而不是分次了结头寸。每一个部分头寸都将在不同的价格水平进场。因为很难精确地找出每次交易的最佳一次性进场点,所以通过使用多次部分进场,交易员能够在一个有弹性的价格范围内分次建立头寸,而不是在一个价格上建立一个头寸,这样也就能将风险分散到不同的价格水平。

第七节 避免过度交易

另一个与总头寸规模紧密相关的常见危险是,由于同时建立了太多的整规模(full-sized)头寸(与部分头寸相对应)而过度交易。在外汇交易中,过度交易的危险不仅仅源于账户保证金的过度扩张,上述情况显然也是一种非常让人担忧的情况。

在外汇市场上，一个经常被忽视的风险源于相对来讲这个市场上实际可交易的工具种类太少，这意味着要使持有的头寸多样化将是一件极其困难的事情。另外，外汇市场上的主要交易工具彼此之间的相关性很强，这可能是正相关，也可能是负相关。

在股票交易领域，进行多样化、非相关的投资可能会比较容易。而在外汇交易领域，4种交易最为活跃的货币对（欧元/美元、美元/日元、英镑/美元和美元/瑞士法郎）全都依赖于美元的相对价值。对次活跃的交易货币对（澳大利亚元/美元和美元/加拿大元）来说，情况也是如此。除了这些货币对，只有少数几个常见的交叉货币对不是基于美元，如欧元/英镑、欧元/日元和英镑/日元等，但它们同样是高度相关的。而对于上述货币对之外的那些少见的货币对，大多数甚至是很难实际进行交易的，因为它们的流动性过低，因此点差高得无法令人接受。总之，如果一个交易员/投资者仅仅参与外汇市场，那么一定是无法实现多样化的。

因此，外汇市场上的过度交易具有双重危险。它不仅带来了保证金过度扩张的风险，还增加了暴露于高度相关的工具中的风险。

有很多方法可以帮助我们减少这种风险。最明显的方法就是，为每一次允许建立的头寸设置一个最大数量限制，这意味着交易员必须受防止其进行过度交易的纪律的约束。另一种方法是减少单次交易的规模，比如多次部分头寸。这是一种更为容易的方法，因为它允许交易员建立和以前一样多的头寸数量，同时使每一个头寸的规模变小了。

另一种用来避免相关性风险的方法是，试图建立一个对冲的货币组合来控制风险，这是很多刚开始进行外汇交易的交易员使用的方法。比方说，欧元/美元和美元/瑞士法郎通常都具有相对较高的负相关性，同时做多或做空这两种货币对，看起来很像一个对冲头寸，它能明显降低风险。

但是事实上，我们不能按这种方式进行交易，哪怕它的确可以成功地将波动性风险控制在一定范围之内。因为外汇是按对来交易的，同时持有相关的两个头寸，比如欧元/美元和美元/瑞士法郎，就等于是创造了一个复合头寸，这类似于直接持有第三种货币对，在这个例子中就是欧元/瑞士法郎。同样，同时卖空欧元/美元和美元/瑞士法郎就相当于做空欧元/瑞士法郎。这种对冲方式所减少的风险仅限于因为交易了波动性更小的欧元/瑞士法郎货币对，而不是波动性更大的欧元/美元或美元/瑞士法郎货币对，所以减少了对波动性风险的暴露。

还有一些交易员利用的是他们的经纪商的对冲功能，这种功能让交易员可以对同一种货币对同时做多和做空，这样做的目的是希望它能够提供一个风险更小的交易环境。但是，如果对市场没有任何风险暴露，就不能获利，也不会遭受损失，因此它就相当于没有任何头寸。所以，在外汇市场上所做的对冲，并不是在一般的外汇交易中控制风险的一个更可行的方法，虽然这种方法可能是某些专业的交易策略中的一个组成部分。

简而言之，适当的风险和资金管理实际上是没有捷径可以走的。避免过度交易这种趋势的最好方法是，要么减少头寸的数量，要么减少每个头寸的规模。

第八节　用趋势线来测量风险

从交易策略的角度测量和控制风险的主要分析方法是使用技术分析。技术分析最大的一个优势是，它能够让交易员准确地量化进而控制交易内部的风险因素。

最常见的技术分析风险控制工具是设置止损点。技术分析采用了一种简洁的原理来确定止损点的位置。当进入某一交易头寸的技术性理由不复存在或不再有效时，就应该放弃该头寸，哪怕会因此遭受损失。毕竟，使用止损指令的目的是，在减少损失的同时也能让损失保持在可控的范围内。

比如，在一个可能发生突破的环境下，当价格向上突破了某一价格水平之后，交易员在该价格水平的上方进入交易，但是如果接下来价格回落到该价格水平之下，此时进入交易的理由就不再有效了。因此，止损点应该设置在突破位的正下方，在这个位置上就能看出最终是真突破还是假突破。如前所述，假突破当然是一个在可控的损失水平上退出交易的不错的理由。

这里还有一个从技术分析的角度进行风险管理的例子。当价格在下降趋势阻力线上发生向上回升时，交易员在回调点进入了短头寸，如果价格继续回调并超过了下降趋势线很多，趋势线的正上方就是一个很好的止损位。向上突破下降趋势线可能意味着价格回调后不再会继续维持下降趋势，而是发生趋势的反转。如果情况真是这样，将止损点设置在趋势线的上方就非常合适，它可能会防止交易员遭受巨大的损失。

第九节　交易心理是关键

到目前为止，本书的所有内容都是围绕风险和资金管理来展开的，它们是成功的交易员所需具备的关键技能。但是，外汇交易要想获得成功，还有一个重要的因素，那就是交易心理。在交易心理领域，最为重要的一个概念是纪律。对一个交易员来说，贪婪和恐惧是最为危险的两种情绪，而纪律是这两种破坏性情绪的补救措施。

在外汇交易中所需遵守的一些纪律如下：防止过度交易；遵守合理的资金管理制度；根据安排周详的交易计划行动；亏损时及时止损以减少损失，盈利时大胆放手以增加收益；交易时不要受贪婪和恐惧这两种破坏性情绪的影响；避免追逐失控的市场；使用止损和（或）追踪止损指令；如果没有有力的理由进入交易，就不要进行交易。

交易时带有情绪是在外汇交易中无法获利的一个最常见的原因。当然，作为人类来说，我们永远都无法摆脱情绪，而且我们也不想这么做。但是作为一个交易员来说，我们最好用纪律来约束带有情绪行为的交易。

我们有很多带着情绪进行交易的例子。不管是初学者还是经验丰富的交易员，都经常会在交易中带有情绪。第一个例子是，在遭受了一连串的损失或遭受了一次破坏性损失之后，许多交易员都会激进地甚至是生气地落入交易陷阱中，这通常是因为他们希望在市场上翻本，以此来报复市场。这时，交易员的情绪是市场是自己的敌人，而激进的交易有可能会挽回损失的资金，并给市场一个教训。显然，这是一种非理性的行为，它必然会致使交易账户遭受更重大的损失。平静地接受损失并继续坚持按交易计划行事的纪律，是交易员防止自己落入这种心理陷阱的主要武器。

在外汇交易中，我们经常能够看到一个与上述例子相似的陷阱。当交易员连续多次获得成功后，他们就会开始相信自己已经掌握了市场的规律，而这时就会陷入这种陷阱。通常来说，这些交易员会开始认为他们是不可阻挡的，那些谨慎的交易原则在他们身上并不适用。接下来，贪婪和轻率就会乘虚而入。当发生这种情况之后，之前的盈利就会慢慢转变成亏损，而这些交易员就不得不选择跟进，以试图挽回之前的盈利。如果在事情变得为时已晚之前，交易员没有再次遵守交易纪律，他们就会陷入恶性循环，最终他们的账户会快速地赔光。

另一个情绪化交易的例子是这样发生的。当价格已经朝某一方向变动了很多之后，交易员还继续追随这个价格时就会发生这种情况。这时，他们表现出来的情绪是一种恐惧与害怕错过上涨的机会。这些交易员还没有掌握避免根据轻率的情绪来行动的交易纪律，他们通常是盲目地进行交易，以试图追赶市场。哪怕最终证明可能是在最坏的时间进入交易（比如在价格的最高点买入，这时价格在显著上升之后动力已经耗尽），他们也会这么做。如果没有纪律约束，按这种方法来进行交易，必然会导致巨大的损失。

还有一些本来需要遵守纪律的交易员，他们进入头寸的原因只不过是因为交易很刺激。对他们来说，交易就像是一种类似赌博或运动的娱乐活动，他们以玩游戏的名义持续进行交易。当这些交易员把外汇交易看成是赌博时，它真的会变得非常像赌博。如果建立头寸的目的完全是为了创造刺激，那么在外汇交易时的运气可能会比玩许多赌博游戏时的运气更坏。当然，这是一种极端情况，绝大多数外汇交易员都不会因为心里痒痒而持续按这种方式进行交易。但是，有些交易员有时候交易的原因就是为了寻找刺激。无论如何我们都要避免这种交易方式，因为这会给交易账户的健康带来很大的威胁。

当交易员由于贪婪、恐惧等心理因素而没有按照他们已经检验过的交易方法来进行交易时，也会对交易账户产生威胁。比方说，某个交易员已经对某个技术性交易系统进行了回测检验，结果表明该系统在不利的市场环境下也有非常乐观的前景。但是，该系统要求在开始进行交易之前，外汇图上必须同时出现3个不同的前提条件。由于多种原因，经常会发生的情况是，交易员迫不及待地想要进行交易，而不愿意等待这些前提条件的出现，并对条件进行了放宽。如果条件已经足够接近了，交易员可能就会进行交易。这种不遵守纪律的交易行为使交易员在真实交易之前进行的回测检验工作都白费了。因此，不能忠实地遵守经过检验的策略，实际上就和拿没有经过检验的策略来赌博没什么两样。

简单地说，要想获利，在交易中是不能带有希望和愿望这两种情绪的。市场会变动到它应该变动到的地方，希望和愿望是绝不能改变这个规律的。没有哪个外汇交易员有能力真正让市场按某一种方式变动，但是每天交易员都在尝试这么做，这会对交易员造成严重伤害。当他们在最坏的情况下期望和祈祷出现最好的情况时，他们通常都没有准备好如何应对最坏的情况，这意味着他们可能不会在亏损时及时止损，但实际情况却是需要立即止损。当然，还有很多其他负面结果。防止希望和愿望这两种破坏性情绪的最好方法是制定严格的交易计划，并形成不管发生什么情况都要持续遵守纪律。

第十节　制订周详的交易计划

一份优秀的交易计划应该包括这本书所讨论的全部内容即外汇交易机制、基本面分析和技术分析、有效的交易策略和方法的详单、全面的风险/资金管理计划，以及交易的纪律。交易员应该在一个专门的日志中记录交易计划的每一个细节，这些细节要能够解决日常交易中各方面的问题，以保证能够处理好许多意外情况。

一份周详的交易计划至少应该包括下面这些内容：用于交易的起始资金的数量；交易中主要使用的交易规模和杠杆率；每一次交易中能够承担风险的资本占总资本的最大百分比；目标风险/收益比率；可实现的每日、每周、月度利润目标；特定的每日、每周、月度止损点（确定货币损失的点，交易员在该点上停止交易）；对所使用的交易策略进行完整的描述；根据已经经过检验的交易策略设置特定的进场标准；根据已经经过检验的交易策略设置特定的退场标准［止损指令、限利指令和（或）手动退出］。

无论我们如何强调一个好的交易计划对交易成功的重要性都是不为过的。要想进行成功的外汇交易，在某些特定时刻通常需要一份书面的交易计划。当然，没有书面交易计划也可以进行交易，但是如果我们制定了一份强调未来的前景、方向和达到持续获利的详细步骤的交易计划，这可能会大大增加我们获得成功的可能性，而交易本身并没有什么不同。

除了坚持写书面的交易计划，成功的外汇交易员还会每天记笔记，以记录每天的交易活动。通过这种方式，交易员可以看出他们的交易活动是否与计划相一致，以及他们可以如何持续改善他们的交易习惯。

有了良好的交易习惯，再加上知识、实践和一份周详的交易计划，任何交易员都有机会在外汇交易市场上获得成功。虽然获得成功的外汇交易员所具备的全部特征不是一个轻易就能达到的目标，但最后我们要说的是，为之付出努力绝对是值得的。

参 考 文 献

1. 王立成：《外汇交易技巧与实战图解》，清华大学出版社2005年版。
2. [新加坡] 许强、[美] 凯瑞·威斯著：《外汇交易实战图表与交易心理》，中山大学出版社2005年版。
3. [美] 阿切尔、[美] 比克福德、李元星：《外汇交易入门》，中国青年出版社2008年版。
4. 郭也群：《外汇交易实务》，中国金融出版社2008年版。
5. [美] 詹姆斯·陈著，杨艳译：《外汇交易必读》，中国人民大学出版社2010年版。
6. 王梓伸：《外汇交易实务》，北京理工大学出版社2013年版。
7. [美] 克鲁格曼、[美] 奥伯斯法尔德、[美] 梅里兹著，丁凯等译：《国际金融：第10版》，中国人民大学出版社2016年版。
8. 刘金波：《外汇交易原理与实务（第2版）》，人民邮电出版社2016年版。
9. [美] 阿本·康福拉斯著，许婧译：《外汇交易教程：成功外汇交易员自学指南》，机械工业出版社2016年版。
10. 魏强斌：《外汇交易进阶》，经济管理出版社2017年版。
11. 刘园、王戈宏：《外汇交易与管理》，首都经济贸易大学出版社2018年版。